Elias Canetti

Aufzeichnungen für Marie-Louise

Aus dem Nachlaß herausgegeben
und mit einem Nachwort von Jeremy Adler

Carl Hanser Verlag

1 2 3 4 5 09 08 07 06 05

ISBN 3-446-20594-2

Bildreproduktion: Gloor GmbH, München
Satz: Gaby Michel, Hamburg
Druck und Bindung: Friedrich Pustet, Regensburg
Printed in Germany

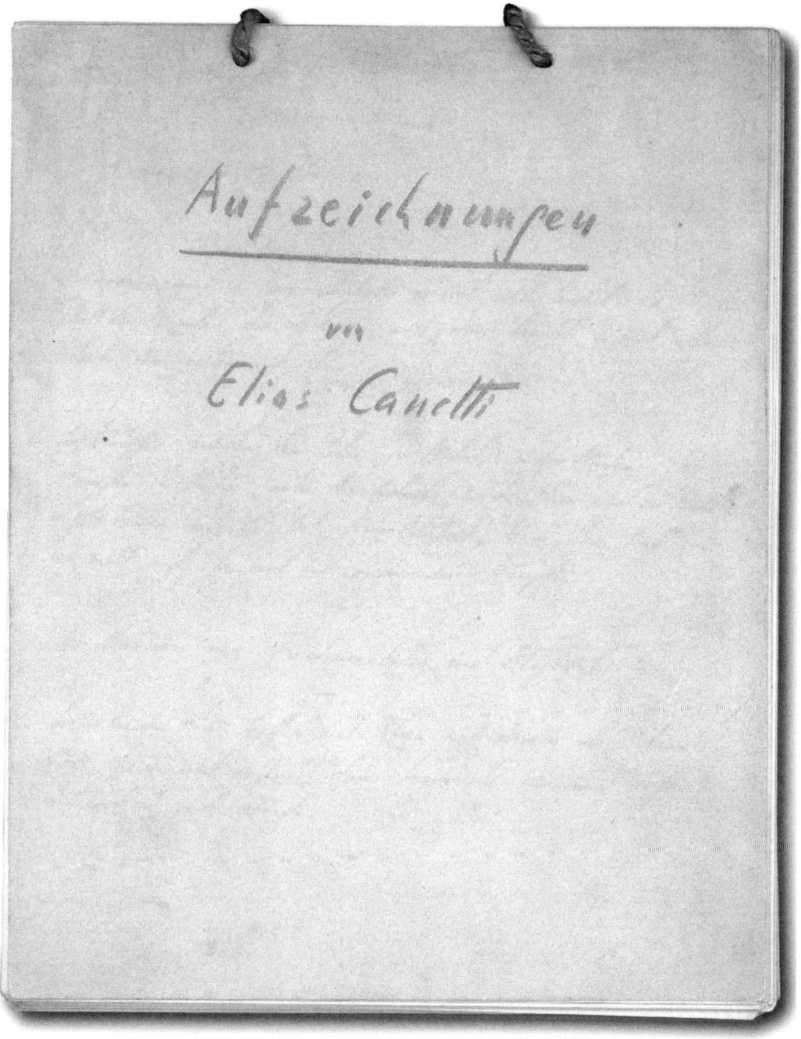
Aufzeichnungen
von
Elias Canetti

Für Marie Louise

aus der Zweiten September-Hälfte
1942

1/29

Inhalt

Keiner will die Türe sein.

—

Drei- oder viermal im Tage schüttelte er sich selber herzlich die Hand, statt der Besuche, die nie kamen, und immer brachte er sich überraschende Neuigkeiten mit.

—

Sie kämpfen zwischen den Zehen, im Nabel, in den Nüstern, sie kämpfen im Hintern, unter den Achseln, in den Ohren und im Mund, es gibt keinen versteckten Ort, kein Zollbreit, keine Pore tief, wo sie nicht auf Leben und Tod miteinander kämpfen.

—

Die Nationen sind Freudenmädchen und Klopeveter.

—

Sie schneiden ihren Opfern erst Ohren und Namen ab; dann hören sie niemand rufen; dann kann sie niemand rufen; und sind nur noch Hände.

—

Keiner will die Türe sein.

Drei- oder viermal im Tage schüttelte er sich selber herzlich die Hand, statt der Besuche, die nie kamen, und immer brachte er sich überraschende Neuigkeiten mit.

Sie kämpfen zwischen den Zehen, im Nabel, in den Nüstern, sie kämpfen im Hintern, unter den Achseln, in den Ohren und im Mund, es gibt keinen versteckten Ort, kein Zollbreit, keine Pore tief, wo sie nicht auf Leben und Tod miteinander kämpfen.

Die Nationen sind Freudenmädchen und Klageweiber.

Sie schneiden ihren Opfern erst Ohren und Namen ab; dann hören die niemand rufen; dann kann die niemand rufen; und sind nur noch Hände.

Er kann nur noch unter Tieren leben.

—

Er bemühte sich in der Hölle vernünftig zu bleiben.

—

„Zu Hause" war für ihn ein Haufen von vergilbten Bohnen.

—

Im letzten Kriegsjahr wurde auf jede Träne eine Busse von 10 Reichsmark gelegt. In die Herzen der Mütter wurden Mikrophone eingebaut.

—

Wüsste ich, wer aus ihm spricht, aus diesem, aus jenem, aus dem andern! Soviel Tote suchen nach lebenden Stimmen und sie stossen sie einander fort! Härter noch als bei uns Lebenden ist ihr Kampf untereinander, sie kämpfen um viel mehr; und der Geschlagene bei ihnen ist nie tot, nur vertrieben. Mögen sie nur dieser niedrigen Rauferei fähig sein, ich segne sie, ich segne sie für dieses letzte bisschen Leben; und sie können mich brechen, schütteln und quälen, wenn sie nur irgendetwas tun. Tote, o geliebte Tote, wie möchte ich euch kennen und erfreuen und beschenken, mit allen schönen Stunden meines kurzen Lebens!

—

Er kann nur noch unter Tieren lachen.

Er bemühte sich in der Hölle vernünftig zu bleiben.

»Zu Hause« war für ihn ein Haufen von vergilbten Bohnen.

Im letzten Kriegsjahr wurde auf jede Träne eine Buße von 10 Reichsmark gelegt. In die Herzen der Mütter wurden Mikrophone eingebaut.

Wüßte ich, wer aus ihm spricht, aus diesem, aus jenem, aus dem andern! Soviel Tote suchen nach lebenden Stimmen und wie stoßen sie einander fort! Härter noch als bei uns Lebenden ist ihr Kampf untereinander, sie kämpfen um viel mehr; und der Geschlagene bei ihnen ist nie tot, nur vertrieben. Mögen sie nur dieser niedrigen Rauferei fähig sein, ich segne sie, ich segne sie für dieses letzte bißchen Leben; und sie können mich besetzen, schütteln und quälen, wenn sie nur irgendetwas tun. Tote, o geliebte Tote, wie möchte ich euch kennen und erfreuen und beschenken, mit vollen schönen Stunden meines kurzen Lebens!

Die Ähren über dem gelben Korn geben mir das heftigste Gefühl des Lebens.

—

Als er jung war, hatten die Propheten Gesichter von Michelangelo; er sah sie oft an und sie waren ihm freundlich und vertraut. Jetzt haben sie ihre Worte wieder gefunden, ihre Gesichter sind nirgends und o wie er sie fürchtet!

—

Die Besessenheit kommt ihn wieder an, was soll er den ruhigen Augen sagen.

—

Die Tiere wissen vom Feuer mehr als wir Menschen ahnen; aber sie können es nicht rufen und jagen.

—

Die Namen der Münzen tönen von der Zärtlichkeit vieler Hände.

—

Um ganz Tod zu sein, sucht sie sich Gestalten zum Töten aus.

—

Die Krähen über dem gelben Korn geben mir das heftigste Gefühl des Lebens.

Als er jung war, hatten die Propheten Gesichter von Michelangelo; er sah sie oft an und sie waren ihm freundlich und vertraut. Jetzt haben sie ihre Worte wieder gefunden, ihre Gesichter sind nirgends und o wie er sie fürchtet!

Die Besessenheit kommt ihn wieder an, was soll er den ruhigen Augen sagen.

Die Tiere wissen vom Feuer mehr als wir Menschen ahnen; aber sie können es nicht rufen und jagen

Die Namen der Münzen tönen von der Zärtlichkeit vieler Hände.

Um ganz Tod zu sein, sucht sie sich Insekten zum Töten aus.

Er will heimlich sterben, um niemand den Triumph zu gönnen, und als letzte Rache ist es sein Testament.

—

Christus ist zu öffentlich gestorben; sein Opfer ist zu einem ewigen Anreiz geworden.

—

Er wünscht sich verschieden eingerichtete Ohren, jedes für andre Wellen, und alles was für beide notwendig wäre, in ihm.

—

Er fürchtet sich vor Jedermann: der König der Klugen.

—

Sein Bier schmeckt ihm nicht ~~nicht~~ mehr so gut: der Krieg schaut aus dem Krug.

—

Er kann nicht leben, ohne wenigstens auf die <u>Strasse</u> zu tanzen.

—

Unter Kommunismus stellt er sich vor, dass niemand Befehle von ihm entgegennimmt; sie sollen die Leute marschieren, wenn keiner kommandiert; und sie sollen sie geben, ohne zu marschieren.

—

Er will heimlich sterben, um niemand den Triumph zu gönnen, und als letztes Mahl ißt er sein Testament.

Christus ist zu öffentlich gestorben; sein Opfer ist zu einem ewigen Anreiz geworden.

Er wünscht sich verschieden eingerichtete Ohren, jedes für andre Welten und alles was für beide notwendig wäre, im Hirn.

Er fürchtet sich vor Jedermann: der König der Klugen.

Sein Bier schmeckt ihm nicht mehr so gut: der Krieg schaut aus dem Krug.

Er kann nicht leben, ohne wenigstens auf die *Straße* zu trampeln.

Unter Kommunismus stellt er sich vor, daß niemand Befehle von ihm entgegennimmt; wie sollen die Leute marschieren, wenn keiner kommandiert; und wie sollen sie gehen, ohne zu marschieren.

Er ist so stolz, dass er Gott immer was schenken möchte.

—

Bei jedem sitzt die Seele so anders: der hat sie in den Lungen, jener im Darm; die hat sie im Herzen und jene im Geschlecht; bei mir fühlt sie sich am wohlsten in den Ohren.

—

Er hat zu spät geheiratet, er kann mit niemand mehr verwachsen: so sind sie ein ratloses Paar und halten einander immer die falschen Stellen hin.

—

Er hat sich eine tiefe Verehrung für alte Leute bewahrt: er bewundert an ihnen jedes Jahr, das er selbst nicht erlebt hat.
Er lacht Kinder an: sie sind ihm lieb für jedes Jahr, das er nicht mehr erleben wird.

—

Im Stammeln ist man dem Ursprung der Sprache näher.

—

Er hat keinen Respekt vor Cherubim: sie sind ihm nicht fleischig genug.

—

Jede Wolke hat die Zukunft in sich; man versteht es nur nicht, sie zu lesen.

—

Er ist so stolz, daß er Gott immer was schenken möchte.

Bei jedem sitzt die Seele woanders: der hat sie in den Lungen, jener im Darm; die hat sie im Herzen und jene im Geschlecht; bei mir fühlt sie sich am wohlsten in den Ohren.

Er hat zu spät geheiratet, er kann mit niemand mehr verwachsen; so sind sie ein ratloses Paar und halten einander immer die falschen Stellen hin.

Er hat sich eine tiefe Verehrung für alte Leute bewahrt: er bewundert an ihnen jedes Jahr, das er selbst nicht erlebt hat. Er betet Kinder an: sie sind ihm heilig für jedes Jahr, das er nicht mehr erleben wird.

Im Stammeln ist man dem Ursprung der Sprache näher.

Er tut keiner Fliege was zuleid: sie sind ihm nicht fleischig genug.

Jede Wolke hat die Zukunft in sich; man versteht es nur nicht, sie zu lesen.

Er sammelte Blätter; auf grossen Tischen breitete er sie nebeneinander aus. Wenn welche am Vergilben waren, tauschte er sie gegen andere ein. Für die Gealterten hatte er ruhige Kammern, in denen es nie zu gehäuft zuging; und nur er durfte darin rascheln. Auf den Tischen aber sah es immer grün und frisch aus; mit ganz wenig Leim waren die Blätter festgemacht; der Wind trug sie nie davon, so waren sie endlich vor ihm sicher; und doch blieb ihnen eine gewisse, wenn auch beschränkte Beweglichkeit. Er liebte es, sie ordentlich und überschaubar vor sich zu haben. An den Bäumen hatte ihn ihre Unregelmässigkeit gestört, eines stand schief, das andere gerade, und sie strebten auf keine sehr vornehme Weise in die Höhe. Er nahm sie von ihrem Wettbewerb herunter und gab ihnen gleichmässig Licht. Der Kampf war zu Ende, und keines stiess das andere weg, der Leim sorgte für Friedlichkeit und regelmässiges Verhalten. Früher war er missbilligend, bei aller Leidenschaft für Blätter, an Bäumen vorbeigegangen; er schämte sich ihrer Kletterei; etwas wurmte ihn, wenn er ansehen musste, wie die einen immer unten blieben, während die andern es sich oben im vollen Lichte gut sein liessen; auch waren diese viel weiter von ihm weg und er strafte sie für ihren

Er sammelte Blätter; auf großen Tischen breitete er sie nebeneinander aus. Wenn welche am Vergilben waren, tauschte er sie gegen andre ein. Für die Gealterten hatte er ruhige Kammern, in denen es nie zu gehäuft zuging; und nur er durfte darin rascheln. Auf den Tischen aber sah es immer grün und frisch aus; mit ganz wenig Leim waren die Blätter festgemacht; der Wind trug sie nie davon, so waren sie endlich vor ihm sicher; und doch blieb ihnen eine gewisse, wenn auch beschränkte Beweglichkeit. Er liebte es, sie ordentlich und überschaubar vor sich zu haben. An dem Bäumen hatte ihn ihre Unregelmäßigkeit gestört, eines stand schief, das andere grade, und sie strebten auf keine sehr vornehme Weise in die Höhe. Er nahm sie von ihrem Wettbewerb herunter und gab ihnen gleichmäßig Licht. Der Kampf war zu Ende, und keines stieß das andre weg, der Leim sorgte für Friedlichkeit und regelmäßiges Verhalten. Früher war er mißbilligend, bei aller Leidenschaft für Blätter, an Bäumen vorübergegangen; er schämte sich ihrer Kletterei; etwas wurmte ihn, wenn er zusehen mußte, wie die einen immer unten blieben, während die andern es sich oben im vollen Lichte gut sein ließen; auch waren diese viel weiter von ihm weg und er strafte sie für ihren

Hochmut, indem er nur Blätter sammelte, die seiner Hand erreichbar waren; höher ging er nie. Er dachte oft mit Vergnügen daran, welches traurige Schicksal den Blättern bevorstand, die er verschmähte: sie fielen zu Boden und vermoderten, kein Hahn krähte nach ihnen. In seiner Sammlung aber waren sie, solange sie sich frisch hielten, gepflegte und geehrte Objekte, und selbst danach ging es ihnen in den Blätterkammern so gut, als es bei ihrer immerhin grossen Anzahl möglich war. Er verstand etwas von den Wünschen der Blätter: er las sie aus den Adern, und wenn er eines dieser leuchtenden Geschöpfe gegen die Sonne hielt, so wusste er nach wenigen Augenblicken, wie ihm zumute war. Seinen Händen war eine eigene Haut für Blätter gewachsen; er hütete sich wohl, sie Menschen zu geben, und nur aus diesem Grunde war er in ein Land übersiedelt, wo das Händeschütteln nicht Sitte war. Er hatte auf den Umgang mit Menschen überhaupt nicht verzichtet, aber es lag ihm daran, die Ehre, die er seinen Blättern tat, öffentlich zu bekunden, und so musste er manchmal Leute in seine Räume lassen. Da führte er sie, mit leichter Herablassung, an Tischen und Tischen

Hochmut, indem er nur Blätter sammelte, die seiner Hand erreichbar waren; höher ging er nie. Er dachte oft mit Vergnügen daran, welches traurige Schicksal den Blättern bevorstand, die er verschmähte: sie fielen zu Boden und vermoderten. Kein Hahn krähte nach ihnen. In seiner Sammlung aber waren sie, solange sie sich frisch hielten, gepflegte und geehrte Objekte, und selbst danach ging es ihnen in den Alterskammern so gut, als es bei ihrer immerhin großen Anzahl möglich war. Er verstand etwas von den Wünschen der Blätter: er las sie aus den Adern, und wenn er eines dieser leuchtenden Geschöpfe gegen die Sonne hielt, so wußte er nach wenigen Augenblicken, wie ihm zumute war. Seinen Händen war eine eigene Haut für Blätter gewachsen; er hütete sich wohl, sie Menschen zu geben, und nur aus diesem Grunde war er in ein Land übersiedelt, wo das Händeschütteln nicht Sitte war. Er hätte auf den Umgang mit Menschen überhaupt leicht verzichtet, aber es lag ihm daran, die Ehre, die er seinen Blättern tat, öffentlich zu bekunden, und so mußte er manchmal Leute in seine Räume laden. Da führte er sie, mit leichter Herablassung, an Tischen und Tischen vorbei, auf denen Tausende von Blättern lagen, in den edelsten Festen, und alle offensichtlich mit ihrem Schicksal sehr zufrieden. L. F. gab nur knappe Erklärungen ab; denn er wusste, wer es nicht in sich hatte, würde es nie wirklich erlernen. Aber seine Worte waren so gefasst, dass sie den Blättern Ehre machten; keiner verliess die Sammlung, ohne etwas von der Liebe zu verspüren, die diese wunderbaren Geschöpfe verdienen, und manche, leider zu wenige, gingen vorsichtiger auf ihren Wegen und trachteten sehr, nicht auf gefallene Blätter zu treten. Auch sie sprachen wenig und nicht laut von ihrem neuen Erlebnis; ein Kult breitete sich aus, bloss durch Beispiel und ganz ohne Predigt; einige legten selber eine Blättersammlung an. Solchen half er aber nicht; er vermied es, sie zu beraten; sie sollten ihre eigenen Erfahrungen machen; und nie verriet er, was mit den welkenden Blättern geschah; es war strengstens verboten, das Altersasyl zu betreten.

---

vorbei, auf denen Tausende von Blättern lagen, in den edelsten Gesten, und alle offensichtlich mit ihrem Schicksal sehr zufrieden. Er gab nur knappe Erklärungen ab; denn er wußte, wer es nicht in sich hatte, würde es nie wirklich erlernen. Aber seine Worte waren so gefaßt, daß sie den Blättern Ehre machten; keiner verließ die Sammlung, ohne etwas von der Scheu zu verspüren, die diese wunderbaren Geschöpfe verdienen, und manche, leider zu wenige, gingen vorsichtiger auf ihren Wegen und trachteten sehr, nicht auf gefallene Blätter zu treten. Auch sie sprachen wenig und nicht laut von ihrem neuen Erlebnis; ein Kult breitete sich aus, bloß durch Beispiel und ganz ohne Predigt; einige legten selber eine Blättersammlung an. Solchen half er aber nicht; er vermied es, sie zu beraten; sie sollten ihre eigenen Erfahrungen machen; und nie verriet er, was mit den welkenden Blättern geschah; es war strengstens verboten, das Altersasyl zu betreten.

„Retten" war das Wort, das die stärksten Bewegungen in seinem Herzen auslöste. Ozeane von Geschöpfen und Beziehungen waren da, zu retten, und er brachte es nie zu mehr als zur heftigen Gebärde des Herzens.

—

Sie lebt in einer Wüste von Erwartung.

—

Immer ist die Zukunft falsch: wir haben <u>zuviel</u> Einfluss auf sie.

—

Die Einsamkeit ist ein Versuch des Menschen, von allen lebenden Punkten des Universums gleich weit entfernt zu sein, denn sie alle wollen ihn fressen.

—

Die Anfälle von Angst kommen mit einer Regelmässigkeit, die sie verdächtig macht: es gibt Monatsängste, Wochenängste, Tage- und Nachtängste. Sie melden sich, als wären sie bloss dazu da, die Zeit zu markieren.

—

Traurigkeit und Trägheit, die bitteren Brüder.

—

»Retten« war das Wort, das die stärksten Bewegungen in seinem Herzen auslöste. Ozeane von Geschöpfen und Beziehungen waren da, zu retten, und er brachte es nie zu mehr als zur heftigen Gebärde des Herzens.

Sie lebt in einer Wüste von Erwartung.

Immer ist die Zukunft falsch: wir haben *zuviel* Einfluß auf sie.

Die Einsamkeit ist ein Versuch des Menschen, von allen lebenden Punkten des Universums gleich weit entfernt zu sein, denn sie alle wollen ihn fressen.

Die Anfälle von Angst kommen mit einer Regelmäßigkeit, die sie verdächtig macht: es gibt Monatsängste, Wochenängste, Tag- und Nachtängste. Sie melden sich, als wären sie bloß dazu da, die Zeit zu markieren.

Traurigkeit und Trägheit, die bitteren Brüder.

Er hat soviel Liebe, dass es gar nicht scheint.

—

Die geistigen Boden bereichern sich, während sie vergessen sind, und kehren plötzlich erwachsen und anmassend zurück.

—

Er macht immer etwas Neues, um nie alt zu werden: aber es ist dieses Neue, das am ältesten macht.

—

Der Regen ist der Zins des Himmels an die Erde, für seine völlige Beute.

—

Man erträgt die Anderen, die in derselben Sprache schreiben, nicht, wenn man sie kennt. Etwas, sei es an ihren Motiven, sei es an ihrer Leistung, hat man immer auszusetzen. Sie irritieren einen durch ihre Widersprüche oder durch ihre vollendete Eigenart, je nachdem. Vielleicht kommt es gerade darauf an, dass der schreibende Mensch extrem reagiert und in Seinesgleichen etwas wie Unterdrückung wittert. Aber er darf diesem defensiven Impuls nicht zu häufig nachgeben. Es ist am besten, er hält sich von denen, die ihm wirklich seinesgleichen sein können, fern; und wenn für sie die Welt eine Beute ist, bleibt sie ihm eine Luft.

—

Er hat soviel Ziele, daß er gar nicht schießt.

Die geistigen Moden bereichern sich, während sie vergessen sind, und kehren plötzlich erwachsen und anmaßend zurück.

Er macht immer etwas Neues, um nie alt zu werden: aber es ist dieses Neue, das am ältesten macht.

Der Regen ist der Zins des Himmels an die Erde, für seine wolkige Beute.

Man erträgt die Andern, die in derselben Sprache schreiben, nicht, wenn man sie *kennt*. Etwas, sei es an ihren Motiven, sei es an ihrer Leistung, hat man immer auszusetzen. Sie imitieren einen durch ihre Widersprüche oder durch ihre vollendete Eigenart, je nachdem. Vielleicht kommt es gerade darauf an, daß der schreibende Mensch extrem reagiert und in Seinesgleichen etwas wie Unterdrückung wittert. Aber er darf diesem defensiven Impuls nicht zu häufig nachgeben. Es ist am besten, er hält sich von denen, die nie wirklich seinesgleichen sein können, fern; und wenn für sie die Welt eine Beute ist, bleibt sie ihm eine Luft.

Ganz besonders nimm dich in acht vor jeder Philosophie, die das Leben auf ein einziges Prinzip zurückzuführen sucht. Immer handelt es sich dabei um eine Reduktion des Lebens; um seine Verarmung und Mechanisierung; um irgendeine göttliche Tyrannei; der Gott kann auch ein Liebling sein.

—

Sympathie für die dualistischen Formen des Denkens; es mag viel zwischen den zwei Grundprinzipien zerrieben werden, aber es bleibt unzweifelhaft mehr erhalten als bei den früheren. Mir selbst am nächsten liegt ein Dualismus, dessen einer Pol pluralistisch geartet ist: so hat man drei Waffen für die Untersuchung der Welt gewonnen; man behandelt das Viele, das Eine (als seinen Gegensatz) und in ihrer Wirkung aufeinander die Zwei.

—

Mit Hingabe ist einer wohl kein Dichter, er braucht auch rhythmische Härten.

—

Eine Stunde Lektüre von Nietzsche, erzwungen und feindselig wie sie ist, weckt dennoch alle Fabeln und ungesagten Reaktionen in einem. Wie muss er auf andere gewirkt haben!

—

Fasse dich kurz: dein Tag hat vierzig Jahre; zwei davon schneidet der Neid ab, es bleiben wenige Monate: du bist um all dies bald zu alt.

—

Ganz besonders nimm dich in acht vor jeder Philosophie, die das Leben auf ein einziges Prinzip zurückzuführen sucht. Immer handelt es sich dabei um eine *Reduktion* des Lebens; um seine Verarmung und Mechanisierung; um irgendeine göttliche Tyrannei; der Gott kann auch ein Lehrling sein.

Sympathie für die dualistischen Formen des Denkens; es mag viel zwischen den zwei Grundprinzipien zerrieben werden, aber es bleibt unzweifelhaft mehr erhalten als bei dem früheren. Mir selbst am nächsten liegt ein Dualismus, dessen einer Pol pluralistisch geartet ist: so hat man drei Waffen für die Untersuchung der Welt gewonnen: man behandelt das Viele, das Eine (als seinen Gegensatz) und in ihrer Wirkung aufeinander die Zwei.

Mit Hingabe ist einer noch kein Dichter, es braucht auch rhythmische Härten.

Eine Stunde Lektüre von Nietzsche, erzwungen und feindselig wie sie ist, weckt dennoch alle falschen und totgesagten Ambitionen in einem. Wie muß er auf andre gewirkt haben!

Fasse dich kurz: dein Tag hat vierzig Jahre; zwei davon schneidet der Neid ab, es bleiben wenige Monate: du bist um all diese Eile zu alt.

<u>Die chinesische Lyrik</u> scheint für die kultivierten Leute alles zu ersetzen, was früher dem Genre nachhing. Das fremde Klischee ist aber nicht darum weniger eines, weil es bei der Übersetzung auf solche Schwierigkeiten stößt.

Mich haben gestern zum erstenmal, alte chinesische Gedichte (in der englischen Übersetzung von Waley) sehr deprimiert – ihre Feinheit, ihre Sentimentalität, ihre Kälte, ihre Nüchternheit, ihre altvertraute Traumsprache (und man will doch in jedem Traum wenigstens etwas Neues). Es mag die völlige Reimlosigkeit eine zu große Lockerung des chinesischen Gefüges bedeuten; ich kann das nicht beurteilen. Aber auf jeden Fall, abgesehen von möglichen Unzulänglichkeiten der Übersetzung, ist eines klar: die Ferne dieser Gedichte vom Mythischen. Ihr Glanz ist einer von Blicken und nicht vom Leben. Selbst die Gefühle darin sind <u>gemalt</u>. Die Tendenz geht auf Balance und Beständigkeit. Man kann ruhig werden, aber nicht erfüllt. In allen menschlichen Angelegenheiten scheinen die verbindlichen und anerkannten Beziehungen durch; aber ohne Leidenschaft sind diese tot. Trotzdem ist die Wendung jeder

Die chinesische Lyrik scheint für die kultivierten Leute alles zu ersetzen, was früher dem »Genre« nachhing. Das fremde Klischee ist aber nicht darum weniger eines, weil es bei der Übersetzung auf solche Schwierigkeiten stößt.

Mich haben, gestern zum erstenmal, alte chinesische Gedichte (in der englischen Übersetzung von Waley) sehr deprimiert – ihre Feinheit, ihre Sentimentalität, ihre Kälte, ihre Nüchternheit, ihre allzuvertraute Traumsprache (und man will doch in jedem Traum wenigstens etwas Neues). Es mag die völlige Reimlosigkeit eine zu große Lockerung des chinesischen Gefüges bedeuten; ich kann das nicht beurteilen. Aber auf jeden Fall, abgesehen von möglichen Unzulänglichkeiten der Übersetzung, ist eines klar: die Ferne dieser Gedichte vom Mythischen. Ihr Glanz ist einer von Bildern und nicht vom Leben. Selbst die Gefühle darin sind *gemalt*. Die Tendenz geht auf Balance und Beständigkeit. Man kann ruhig werden, aber nicht erfüllt. In allen menschlichen Angelegenheiten scheinen die vorbildlichen und anerkannten Beziehungen durch; aber ohne Leidenschaft sind diese tot. Trotzdem ist die Wendung jeder

Situation eine subjektive, immer weiß man, es ist, was zu sehen ist, durch ein gewisses Auge gegangen. Sie sind alle wie beim Fischen gedichtet, an sehr ruhigen Gewässern, und dann leben sie so äußerlich wie die Schuppen der Fisch. Man darf lange nicht in die Bibel geblickt haben, um das zu ertragen. Vielleicht bin ich durch die Bibel für alles verdorben, was keinen Atem hat, oder es keinen haben will. Aber wie bringen die Weisesten den Blutkreislauf zum Stehen? In den starken Stellen der Bibel hat man dieses herrliche Schlagen und Pochen, und selbst während der Mensch träumt, im Schlafe, steht sein Blut nicht still.

Das chinesische Gedicht ist eine viel bewusstere Auswahl, als man sie sonst gewohnt ist; manches Bedeutende und Schöne in der französischen Lyrik des vorigen Jahrhunderts kommt dem nahe, aber auf dem Untergrund einer mächtigen romantischen Bewegung, deren Verwandlung das natürlichste Element ist. Bei den Chinesen sieht es so aus, als wäre gerade im Gedicht die Verwandlung, von der das Leben des Volkes voll ist, verboten; es ist eine skeptische Lyrik, von hohen Beamten oder Fürsten geschrieben, denen daran liegt zu zeigen, wie frei von Aberglauben sie sind.

—

Situation eine subjektive, immer weiß man, es ist, was zu sehen ist, durch ein gewisses Auge gegangen. Sie sind alle wie beim Fischen gedichtet, an sehr ruhigen Gewässern, und dem Leben so äußerlich wie die Schuppen dem Fisch. Man darf lange nicht in die Bibel geblickt haben, um das zu ertragen. Vielleicht bin ich durch die Bibel für alles verdorben, was keinen Strom hat, weil es keinen haben will. Aber wie bringen die Weisesten den Blutkreislauf zum Stehen? In den starken Stellen der Bibel hat man dieses herrliche Schlagen und Pochen, und selbst während der Mensch träumt, im Schlafe, steht sein Blut nicht still.

Das chinesische Gedicht ist eine viel *bewußtere* Auswahl, als man sie sonst gewöhnt ist; manches Bedeutende und Schöne in der französischen Lyrik des vorigen Jahrhunderts kommt dem nahe, aber auf dem Untergrund einer mächtigen romantischen Bewegung, der *Verwandlung* das natürlichste Element ist. Bei den Chinesen sieht es so aus, als wäre gerade im Gedicht die Verwandlung, von der das Leben des Volkes voll ist, verboten; es ist eine skeptische Lyrik, von hohen Beamten oder Fürsten geschrieben, denen daran liegt zu zeigen, wie frei von Aberglauben sie sind.

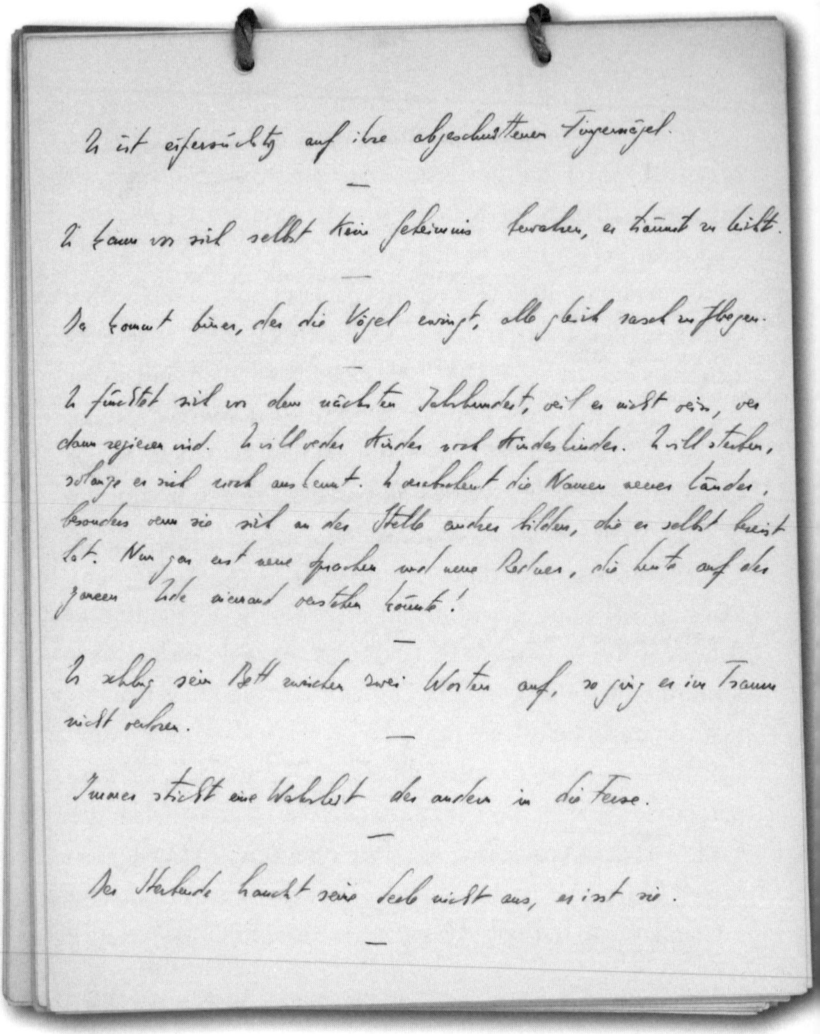

Er ist eifersüchtig auf ihre abgeschnittenen Fingernägel.

—

Er kann vor sich selbst kein Geheimnis bewahren, er träumt zu leicht.

—

Da kommt einer, der die Vögel zwingt, alle gleich rasch zu fliegen.

—

Er fürchtet sich vor dem nächsten Jahrhundert, weil er nicht weiss, wer dann regieren wird. Er will weder Kinder noch Kindeskinder. Er will sterben, solange er sich noch auskennt. Er verabscheut die Namen neuer Länder, besonders wenn sie sich an der Stelle anderer bilden, die er selbst bereist hat. Nun gar erst neue Sprachen und neue Religionen, die heute auf der ganzen Erde niemand verstehen könnte!

—

Er schlug sein Bett zwischen zwei Worten auf, so ging er im Traum nicht verloren.

—

Immer sticht eine Wahrheit der andern in die Ferse.

—

Der Sterbende haucht seine Seele nicht aus, er ist sie.

—

Er ist eifersüchtig auf ihre abgeschnittenen Fingernägel.

Er kann vor sich selbst kein Geheimnis bewahren, er träumt zu leicht.

Da kommt Einer, der die Vögel zwingt, alle gleich rasch zu fliegen.

Er fürchtet sich vor dem nächsten Jahrhundert, weil er nicht weiß, wer dann regieren wird. Er will weder Kinder noch Kindeskinder. Er will sterben, solange er sich noch auskennt. Er verabscheut die Namen neuer Länder, besonders wenn sie sich an der Stelle andrer bilden, die er selbst bereist hat. Nun gar erst neue Sprachen und neue Redner, die heute auf der ganzen Erde niemand verstehen könnte!

Er schlug sein Bett zwischen zwei Worten auf, so ging er im Traum nicht verloren.

Immer sticht eine Wahrheit der andern in die Ferse.

Der Sterbende haucht seine Seele nicht aus, er ißt sie.

Schon um weniger zu wissen, wüsste ich gern mehr.

—

Der Doppelgänger, der Ka, das Eidolon, für die Meisten der Kamerad, ist für Viele jetzt die Frau geworden. Besonders in England sind solche Doppelgänger-Ehen häufig. Der Respekt, den man seiner Frau entgegenbringt, ist zum guten Teil ein Respekt vor dem eigenen Abbild. Man achtet einander, weil man immer beisammen ist. Was die Frau an Herrschaft dabei gewinnt, verliert sie als Frau. Sie bewegt sich in parallelen Gesten zum Mann und darf nicht aus seiner Art schlagen. Am ehesten kann sie noch Frau sein, wenn er und sie nicht beisammen sind; da sieht sie ihm entgegen, statt neben ihm herzugehen.

—

Er hat alle paar Jahre eine neue Mutter, und hat jede verzweifelt gern. Er ist jetzt achtzig und seine letzte Mutter gerade zwanzig.

—

Den Klugen fressen die Motten.

—

Er sitzt auf Kohlen, aber sie wollen nicht glühen.

—

Schon um weniger zu wissen, wüßte ich gern mehr.

Der Doppelgänger, der Ka, das Eidolon, für die Meisten der Kamerad, ist für Viele jetzt die Frau geworden. Besonders in England sind solche Doppelgänger-Ehen häufig. Der Respekt, den man seiner Frau entgegenbringt, ist zum guten Teil ein Respekt vor dem eigenen Abbild. Man achtet einander, weil man immer zusammen ist. Was die Frau an Herrschaft dabei gewinnt, verliert sie als Frau. Sie bewegt sich in parallelen Gesten zum Mann und darf nicht aus seiner Art schlagen. Am ehesten kann sie noch Frau sein, wenn er und sie nicht beisammen sind; da sieht sie ihm entgegen, statt neben ihm herzugehen.

Er hat alle paar Jahre eine neue Mutter, und hat jede verzweifelt gern. Er ist jetzt achtzig und seine letzte Mutter gerade zwanzig.

Den Klugen fressen die Motten.

Er sitzt auf Kohlen, aber sie wollen nicht glühen.

Lauter Herren, Misters, Messieurs, Señores, Signori: ja wer bleibt da noch zum Treten übrig?

—

Es fürchtet alles, weil es nichts vergessen kann.

—

Man hat die Hunde zu wenig studiert: sie sind das "Menschliche" in Quintessenz, und wie unmenschlich ist es!

—

Wer den Erfolg anbetet, ist auf jeden Fall verloren: wenn er ihn hat, wird er ihm ähnlich; wenn er ihn nicht hat, verzehrt er sich in der falschesten Sehnsucht.

—

In einer weniger kommerziellen Zeit hiess der Erfolg noch Ruhm; vielleicht war er damals schöner.

—

Ich fürchte mich vor den Sternen, die ich nicht kenne.

—

Gottes Freunde sind über seine Grösse ganz verzweifelt.

—

Der Mensch hat die Wahl im Alter zu Holz oder zu Stein zu werden. Das Holz duftet, aber der Stein ist noch härter.

—

Lauter Herren, Misters, Messieurs, Señores, Signori: ja wer bleibt da noch zum Treten übrig?

Er fürchtet alles, weil er nichts vergessen kann.

Man hat die Hunde zu wenig studiert: sie sind das »Menschliche« in Quintessenz, und wie unmenschlich ist es!

Wer den Erfolg anbetet, ist auf jeden Fall verloren: wenn er ihn hat, wird er ihm ähnlich; wenn er ihn nicht hat, verzehrt er sich in der falschesten Sehnsucht.

In einer weniger kommerziellen Zeit hieß der Erfolg noch Ruhm; vielleicht war er damals schöner.

Ich fürchte mich vor den Sternen, die ich nicht kenne.

Gottes Freunde sind über seine Größe ganz verzweifelt.

Der Mensch hat die Wahl im Alter zu Holz oder zu Stein zu werden. Das Holz duftet, aber der Stein ist noch härter.

Man kann sein Unglück nur vermindern, indem man es spielt.

—

Er denkt, er denkt, bis seine Finger vor Nichtigkeit brechen und er sie unversehens auf die letzten glimmenden Blätter wirft.

—

Die Disziplin jeder Kunstform ist widerlich: der Mensch kann wohl viel mehr als gehorsam und sparsam sein.

—

Der Mensch verdient kein Privatleben.

—

Man wird müde, um dieser heftigen Pein der Ergriffenheit zu entgehen.

—

Die Ruhe des Menschen hängt von einem Sandkorn ab, um das seine tonnenschwere Eitelkeit plötzlich zu wenig wiegt.

—

Man kann alles töten: einen Menschen, ein Werk, einen Namen und selbst einen Gott, aber keine wirkliche Liebe.

—

Man unterschätzt die Empfindlichkeit eines Menschen, mit dem man zu jeder Zeit sprechen kann.

—

Man kann sein Unglück nur verwinden, indem man es spielt.

Er denkt, er denkt, bis seine Finger vor Müdigkeit krachen und er sie unversehens auf die letzten glimmenden Scheite wirft.

Die Disziplin jeder Kunstform ist mörderisch: der Mensch kann noch viel mehr als gehorsam und sparsam sein.

Der Mensch verdient kein Privatleben.

Man wird müde, um dieser heftigen Pein der Ergriffenheit zu entgehen.

Die Ruhe des Menschen hängt von einem Sandkorn ab, um das seine tonnenschwere Eitelkeit plötzlich zuviel wiegt.

Man kann alles töten: einen Menschen, ein Werk, einen Namen und selbst einen Gott, aber keine wirkliche Liebe.

Man unterschätzt die Empfindlichkeit eines Menschen, mit dem man zu jeder Zeit sprechen kann.

Durch das Alte Testament geht *eine* Geschichte: der Kampf des *Wortes* gegen das *Abbild*. Haben die Juden den Hass gegen das Bild aus Ägypten mitgebracht? War für sie selbst die Schrift der Ägypter aus falschen und unverständlichen Bildern zusammengesetzt? Hatten sie einen bestimmten Tempel, um darin dem Abbild eines Gottes zu frönen. Dafür spricht die Errichtung des goldenen Kalbes, so aus Gewohnheit. – Jedenfalls ist ihr Hass gegen das Bild von unausdenklichen Folgen gewesen. Mehr als die schöne und vielgestaltige Philosophie der Griechen hat ihre bekanntliche [illegible] ausgerichtet. Man könnte es verstehen, wenn die Anbeter und Bewunderer der Bilder zu einem Rachebund gegen die Juden zusammengetreten wären und an einem einzigen Tage alle Buchstaben der Welt verbrannt und ausgerottet hätten.

—

Ich möchte die Bibel so auf mich einwirken lassen, als ob ich nicht von Juden stammte, als etwas Fremdes und ganz neu Entdecktes, durch einen glücklichen Zufall ausgegraben. Ich bin immer mehr davon überzeugt, dass sie mir zu den kühnsten Schlüssen verhelfen kann, so als sei sie noch überhaupt nie gelesen worden.

—

Durch das Alte Testament geht *eine* Geschichte: der Kampf des *Wortes* gegen das *Abbild.* Haben die Juden den Haß gegen das Bild aus Ägypten mitgebracht? War für sie selbst die Schrift der Ägypter aus falschen und unverständlichen Bildern zusammengesetzt? Hatten sie einen bestimmten Tempel, um darin dem Abbild eines Gottes zu frönen? Dafür spricht die Errichtung des goldenen Kalbes, wie aus Gewohnheit. – Jedenfalls ist ihr Haß gegen das Bild von unausdenklichen Folgen gewesen. Mehr als die schöne und vielgestaltige Philosophie der Griechen hat ihre beharrliche Rankūne ausgerichtet. Man könnte es verstehen, wenn die Anbeter und Bewunderer der Bilder zu einem Rachebund gegen die Juden zusammengetreten wären und an einem einzigen Tage alle Buchstaben der Welt verbrannt und ausgerottet hätten.

Ich möchte die Bibel so auf mich einwirken lassen, als ob ich nicht von Juden stammte, wie etwas Fremdes und ganz neu Entdecktes, durch einen glücklichen Zufall ausgegraben. Ich bin immer mehr davon überzeugt, daß sie mir zu den kühnsten Schlüssen verhelfen kann, so als sei sie noch überhaupt nie gelesen worden.

Gott als Politiker: es ist ein schwieriges und gefährliches Unternehmen, die Methoden genau zu bestimmen, mittels deren es Gott geglückt ist, seine Diktatur über die Erde auszubreiten. Man muss ganz ohne Hass und Parteilichkeit sein, ohne Sympathie für die eigenen Vorfahren, deren er sich zu seinem Unternehmen bedient hat. Man darf es ihm nicht verargen, dass ihm mehr Zeit zu Gebote stand als seinen menschlichen Adepten. Man muss ihm kühl, mit Neugier und Staunen zusehen, und ihm ja nicht den Prozess machen; sonst ist man gleich wieder mitten in einem Schaustück, bevor man ihn noch recht kennt. Der Gott der Bibel ist interessant, es hat nie ein machtgierigeres Geschöpf gegeben: er straft nur nach Verrat; er belohnt nur den treuen Dienst, und er tritt mit dem Anspruch auf, alles zu besitzen, weil er alles gemacht hat.

—

Das Staunen lebt vom Zufall; im Gesetz erstickt es.

—

Der Mensch muss seine Ideale zuweilen, um ihnen neue Kraft zu geben, verleugnen; sonst wird er dumm.

—

Gott als *Politiker:* es ist ein schwieriges und gefährliches Unternehmen, die Methoden genau zu bestimmen, mittels deren es Gott geglückt ist, seine Diktatur über die Erde auszubreiten. Man muß ganz ohne Haß und Parteilichkeit sein, ohne Sympathie für die eigenen Vorfahren, deren er sich zu seinem Unternehmen bedient hat. Man darf es ihm nicht verargen, daß ihm mehr Zeit zu Gebote stand als seinen menschlichen Adepten. Man muß ihm kühl, mit Neugier und Staunen zusehen, und ihm ja nicht den Prozeß machen; sonst ist man gleich wieder mitten in einem Schaustück, bevor man ihn noch recht kennt. Der Gott der Bibel ist interessant, es hat nie ein machtgierigeres Geschöpf gegeben: er straft nur nach Verrat; er belohnt nur den treuen Dienst; und er tritt mit dem Anspruch auf, alles zu besitzen, weil er alles gemacht hat.

Das Staunen lebt vom Zufall. Im Gesetz erstickt es.

Der Mensch muß seine Ideale zuweilen, um ihnen neue Kraft zu geben, *verbergen;* sonst wird er dumm.

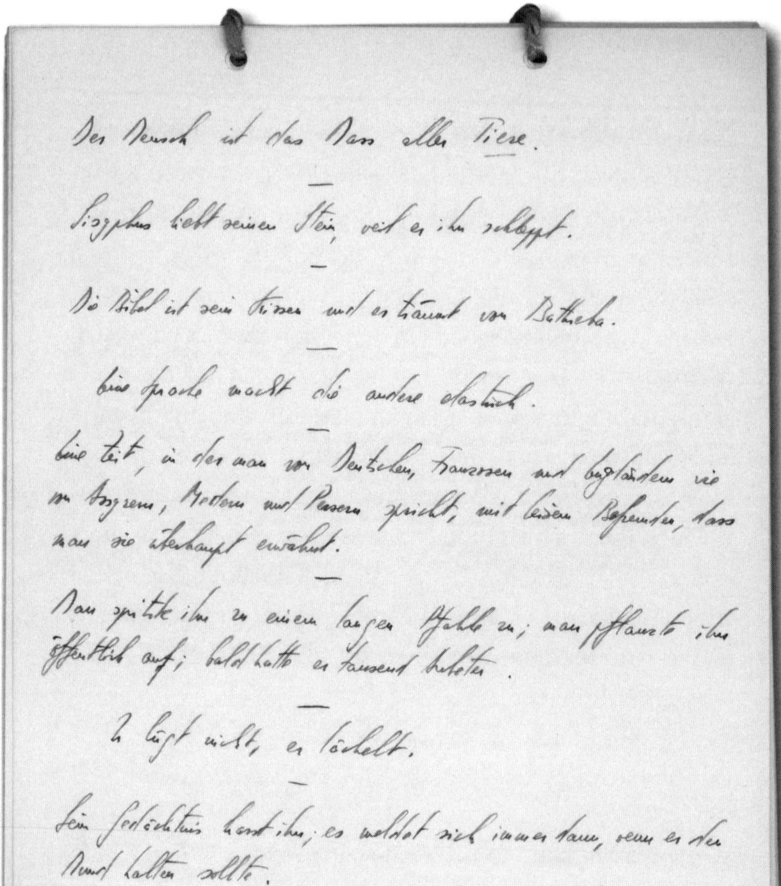

Der Mensch ist das Mass aller Tiere.

—

Sisyphus liebt seinen Stein, weil er ihn schleppt.

—

Die Bibel ist sein Kissen und er träumt von Bathseba.

—

Eine Sprache macht die andere elastisch.

—

Eine Zeit, in der man von Deutschen, Franzosen und Engländern wie von Assyrern, Medern und Persern spricht, mit leisem Befremden, dass man sie überhaupt erwähnt.

—

Man spitzte ihn zu einem langen Pfahle zu; man pflanzte ihn öffentlich auf; bald hatte er tausend Anbeter.

—

Er lügt nicht, er lächelt.

—

Sein Gedächtnis hasst ihn; es meldet sich immer dann, wenn er den Mund halten sollte.

—

Der Mensch ist das Maß aller *Tiere*.

Sisyphus liebt seinen Stein, weil er ihn schleppt.

Die Bibel ist sein Kissen und er träumt von Bathseba.

Eine Sprache macht die andere elastisch.

Eine Zeit, in der man von Deutschen, Franzosen und Engländern wie von Assyrern, Medern und Persern spricht, mit leisem Befremden, daß man sie überhaupt erwähnt.

Man spitzte ihn zu einem langen Pfahle zu; man pflanzte ihn öffentlich auf; bald hatte er tausend Anbeter.

Er lügt nicht, er lächelt.

Sein Gedächtnis haßt ihn; es meldet sich immer dann, wenn er den Mund halten sollte.

Der Eroberer findet nicht mehr aus der Landkarte zurück.

—

Der Dümmste gelangt am leichtesten ans Ziel: er sieht nichts anderes. Chauffeure, Piloten, Einbrecher, Mörder.

—

Die Ethik des alten Mannes ist seine Gesundheit.

—

Das Gleichgewicht der Denker wird durch ihre Verachtung für Märchen gestört. – Meditationen über alle Märchen und Mythen. Welch eine Theologie, welch eine Scholastik müßte das ergeben, da doch die eine Geschichte Christi für unsere ganze Scholastik ausgereicht hat.

—

Sentimentalität ist die Bestechlichkeit der Güte.

—

Er zieht täglich eine frische Freundschaft an und schickt die alten in die Wäscherei.

—

An den Tieren haben sie das Schlachten gelernt. Jetzt brauchen sie eine Gattung von Göttern, um es an diesen zu verlernen.

—

Der Eroberer findet nicht mehr aus der Landkarte zurück.

Der Dümmste gelangt am leichtesten ans Ziel: er sieht nichts anderes. Chauffeure, Piloten, Einbrecher, Mörder.

Die Ethik des alten Mannes ist seine Gesundheit.

Das Gleichgewicht der Denker wird durch ihre Verachtung für Märchen gestört. – Meditationen über alle Märchen und Mythen. Welch eine Theologie, welch eine Scholastik müßte das ergeben, da doch die eine Geschichte Christi für unsere ganze Scholastik ausgereicht hat.

Sentimentalität ist die Bestechlichkeit der Güte.

Er zieht täglich eine frische Freundschaft an und schickt die alten in die Wäscherei.

An den Tieren habe sie das Schlachten gelernt. Jetzt brauchen sie eine Gattung von Göttern, um es an diesen zu verlernen.

Die Erde hielt das Treiben dieser Länder nicht mehr aus und richtete sie mit einer Springflut zugrunde.

—

Die Seele der Toten: sie wollen so rasch wie möglich aus dem Bereich der Explosionen hinweg.

—

Er hat den kleinen Finger seines Jüngsten aus dem Krieg gerettet.

—

Bei der Zählung zeigte es sich, dass man fast allen Tanks die Herzen ausgeschnitten hatte; und bei den wenigen Ausnahmen schlug es zu heftig.

—

Nach dem Krieg muss jeder der lacht sterben, weil er den Krieg so leicht genommen hat.

—

Es wird ihn niemand überleben; denn jeder, der ihn ertragen hat, ist gestorben.

—

Alle Waffen werden abgeschafft und im nächsten Krieg ist es nur noch erlaubt zu beissen.

—

Die Erde hält das Treiben dieser Läuse nicht mehr aus und richtet sie mit einer Springflut zugrunde.

Die Eile der Toten: sie wollen so rasch wie möglich aus dem Bereich der Explosionen hinweg.

Er hat den kleinen Finger seines Jüngsten aus dem Krieg gerettet.

Bei der Zählung zeigte es sich, daß man fast allen Tanks die Herzen ausgeschnitten hatte; und bei den wenigen Ausnahmen schlug es zu heftig.

Nach dem Krieg muß jeder der lacht sterben, weil der den Krieg so leicht vergessen hat.

Es wird ihn niemand überleben; denn jeder, der ihn ertragen hat, ist gestorben.

Alle Waffen werden abgeschafft und im nächsten Krieg ist es nur noch erlaubt zu beißen.

Die lustigen Städte gehen in Flammen auf, die Häuser rieseln, die Kirchen schnauben, in den unterirdischen Kellern sammeln sich Seen von Bier und vereinzelten Worten an, und drin die Leichen der Trinker.

—

Auf der Friedenskonferenz wird beschlossen, Europa die gerechte Chance zu geben, die es sich in einem schweren und langjährigen Kriege verdient hat. Es soll alles von gleich auf beginnen. Um das möglich zu machen, wird zuerst einmal eine interterritoriale Flotte von Bombern gebildet, die alle Städte, welche durch Zufall noch stehen, vernichtet.

—

Mit Hohn ist nichts getan, mit Liebe nicht, mit Güte nicht, mit Rache nicht, mit Glauben nicht, mit Sühne nicht, mit Stolz nicht, mit Leben nicht, mit Tod nicht — o womit soll denn etwas getan sein?

—

Die lustigen Städte gehen in Flammen auf, die Häuser wiehern, die Kirchen schnauben, in den unterirdischen Kellern sammeln sich Seen von Bier und verrunzelten Worten an, und darin die Leichen der Trinker.

Auf der Friedenskonferenz wird beschlossen, Europa die gerechte Chance zu geben, die es sich in einem schweren und langjährigen Kriege verdient hat. Es soll alles von gleich auf beginnen. Um das möglich zu machen, wird zuerst einmal eine interterritoriale Flotte von Bombern gebildet, die alle Städte, welche durch Zufall noch stehen, vernichtet.

Mit Hohn ist nichts getan, mit Liebe nicht, mit Güte nicht, mit Rache nicht, mit Glauben nicht, mit Sühne nicht, mit Stolz nicht, mit Leben nicht, mit Tod nicht – o womit soll denn etwas getan sein?

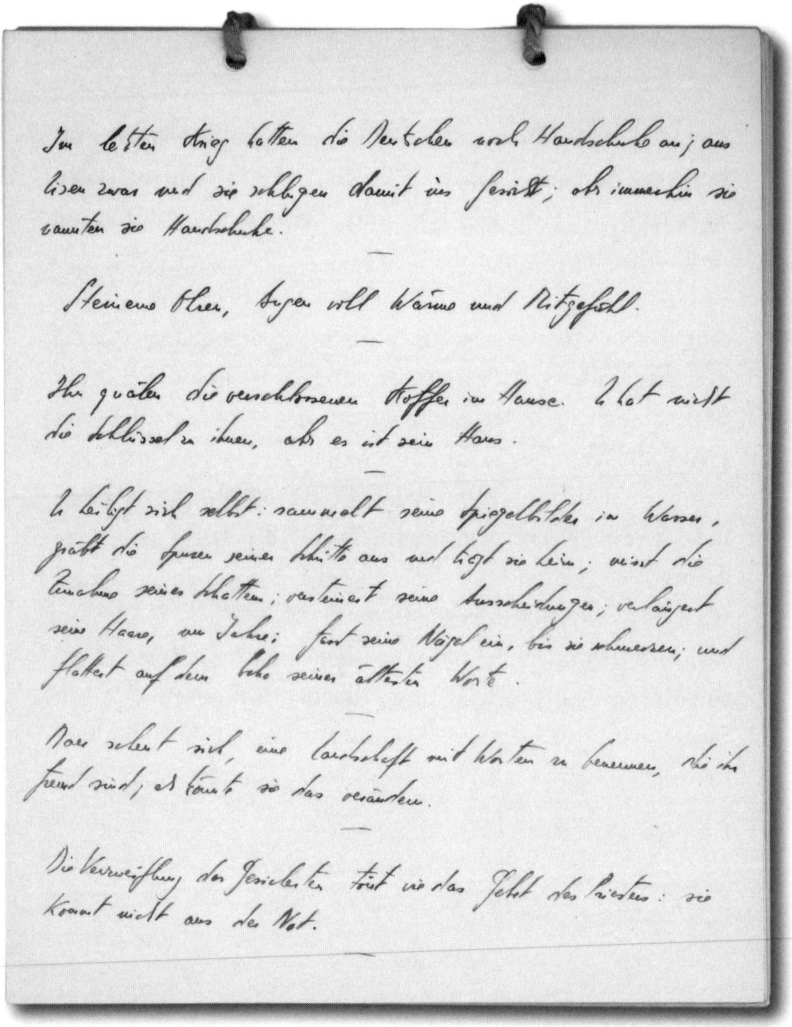

Im letzten Krieg hatten die Deutschen noch Handschuhe an; aus Eisen zwar und sie schlugen damit ins Gesicht; aber immerhin sie nannten sie Handschuhe.

—

Steinerne Ohren, Augen voll Wärme und Mitgefühl.

—

Ihn quälen die verschlossenen Koffer im Hause. Er hat nicht die Schlüssel zu ihnen, aber es ist sein Haus.

—

Er beleibt sich selbst: sammelt seine Spiegelbilder im Wasser, gräbt die Spuren seiner Schritte aus und legt sie bei; misst die Zunahme seines Schattens; versteinert seine Ausscheidungen; verlängert seine Haare, um Jahre; fasst seine Nägel ein, bis sie schmerzen; und flattert auf dem Echo seiner ältesten Worte.

—

Man scheut sich, eine Landschaft mit Worten zu benennen, die ihr fremd sind; es könnte sie das verändern.

—

Die Verzweiflung des Geliebten tönt wie das Gebet des Priesters: sie kommt nicht aus der Not.

—

Im letzten Krieg hatten die Deutschen noch Handschuhe an; aus Eisen zwar und sie schlugen damit ins Gesicht; aber immerhin sie nannten sie Handschuhe.

Steinerne Ohren, Augen voll Wärme und Mitgefühl.

Ihn quälen die verschlossenen Koffer im Hause. Er hat nicht die Schlüssel zu ihnen, aber es ist sein Haus.

Er heiligt sich selbst: sammelt seine Spiegelbilder im Wasser, gräbt die Spuren seiner Schritte aus und trägt sie heim; mißt die Zunahme seines Schattens; versteinert seine Ausscheidungen; verlängert seine Haare, um Jahre; faßt seine Nägel ein, bis sie schmerzen; und flattert auf dem Echo seiner ältesten Worte.

Man scheut sich, eine Landschaft mit Worten zu benennen, die ihr fremd sind, als könnte sie das verändern.

Die Verzweiflung des Gesicherten tönt wie das Gebet des Priesters: sie kommt nicht aus der Not.

Die leibliche Begegnung, nach der die Geister sich immer sehnen, ist ihre größte Enttäuschung. Immer bleibt der eine voll von Erstaunen und Ekel über den anderen zurück; immer sind beide darin im Recht.

—

Auf das Verhältnis von Lachen und Staunen allein kommt es an.

—

Die Liebe hat immer einen Dämon, und er wächst mit ihr.

—

Er wäre gern sein eigener Vater gewesen, und gleich die Mutter dazu.

—

Ich kenne die Ecken des Menschen, seine unverdauten Befehle.

—

Schicksale haben etwas Billiges, in jedem Falle.

—

Der Lügner will oft nur länger reden.

—

Wer seinen Instinkten frönt, der geht an ihrer Feindschaft untereinander zugrunde. Wer Verstand hat, ist immer alt. O schwere, o schwerste Wahl!

—

Die leibliche Begegnung, nach der die Geister sich immer sehnen, ist ihre größte Enttäuschung. Immer bleibt der eine voll von Entsetzen und Ekel über den andern zurück; immer sind beide darin im Recht.

Auf das Verhältnis von Lachen und Staunen allein kommt es an.

Die Liebe hat immer einen Bandwurm, und er wächst mit ihr.

Er wäre gern sein eigener Vater gewesen, und gleich die Mutter dazu.

Ich hasse die *Ecken* des Menschen, seine unverdauten Befehle.

Schicksale haben etwas Heiliges, in jedem Falle.

Der Lügner will oft nur länger reden.

Wer seinen Instinkten frönt, der geht an ihrer Feindschaft untereinander zugrunde. Wer Verstand hat, ist immer alt. O schwere, o schwerste Wahl!

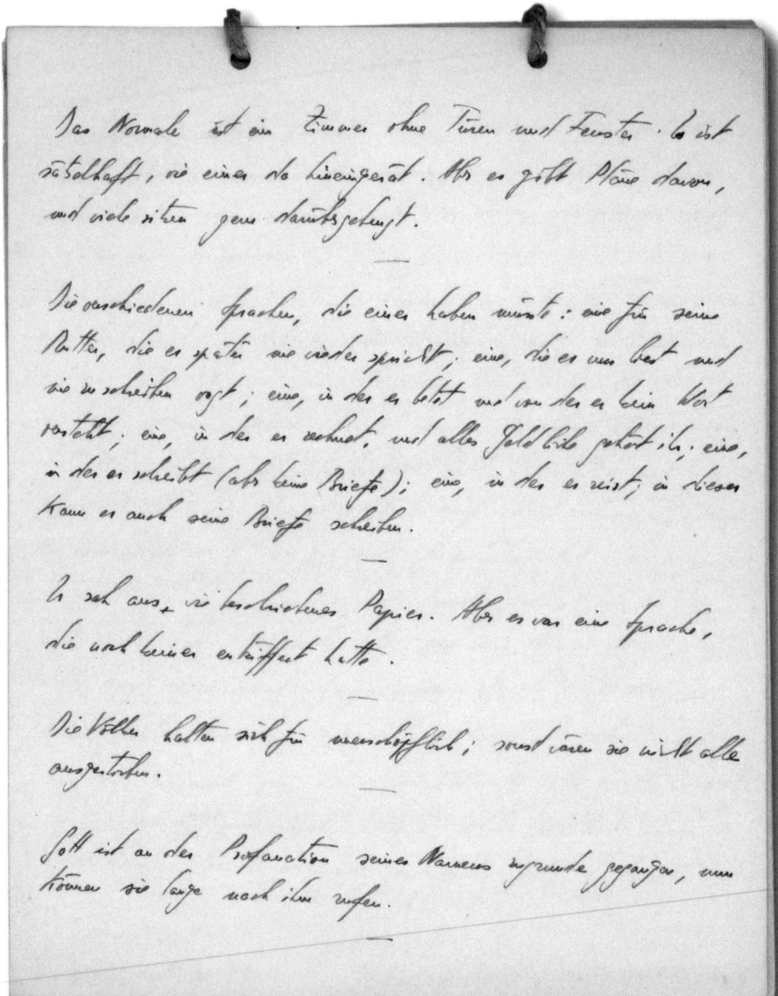
Das Normale ist ein Zimmer ohne Türen und Fenster. Es ist rätselhaft, wie einer da hineingerät. Aber es gibt Pläne davon, und viele sitzen gern darübergebeugt.

—

Die verschiedenen Sprachen, die einer haben müßte: eine für seine Mutter, die er später nie wieder spricht; eine, die er nur liest und nie zu schreiben wagt; eine, in der er betet und von der er kein Wort versteht; eine, in der er rechnet und alles Geldliche gehört ihr; eine, in der er schreibt (aber keine Briefe); eine, in der er reist; in dieser kann er auch seine Briefe schreiben.

—

Er sah aus wie beschriebenes Papier. Aber es war eine Sprache, die noch keiner entziffert hatte.

—

Die Völker halten sich für unerschöpflich; sonst wären sie nicht alle ausgestorben.

—

Gott ist an der Profanation seines Namens zugrunde gegangen, nun können sie lange nach ihm rufen.

—

Das Normale ist ein Zimmer ohne Türen und Fenster. Es ist rätselhaft, wie einer da hineingerät. Aber es gibt Pläne davon, und viele sitzen gern darübergebeugt.

Die verschiedenen Sprachen, die einer haben müßte: eine für seine Mutter, die er später nie wieder spricht; eine, die er nur liest und nie zu schreiben wagt; eine, in der er betet und von der er kein Wort versteht; eine, in der er rechnet, und alles Geldliche gehört ihr; eine, in der er schreibt (aber keine Briefe); eine, in der er reist; in dieser kann er auch seine Briefe schreiben.

Es sah aus wie beschriebenes Papier. Aber es war eine Sprache, die noch keiner entziffert hatte.

Die Völker halten sich für unerschöpflich; sonst wären sie nicht alle ausgestorben.

Gott ist an der Profanation seines Namens zugrunde gegangen, nun können sie lange nach ihm rufen.

Es ist zu wenig daran gedacht worden, was vom Toten vielleicht lebendig bleibt, zerstreut in den anderen; und es ist keine Methode erdacht worden, diese zerstreuten Reste zu nähren und so lange als möglich am Leben zu erhalten.

Die Freunde eines toten Mannes kommen an bestimmten Tagen zusammen und sprechen nur über ihn. Sie machen ihn noch mehr tot, wenn sie nur Gutes über ihn sagen. Sie sollten lieber streiten, für oder gegen ihn Partei nehmen, geheime Streiche von ihm berichten; solange es noch Überraschendes über ihn zu sagen gibt, verändert er sich und ist nicht tot. Die Pietät, die ihn auf einem bestimmten Stand zu konservieren sucht, ist gar nicht freundschaftlich. Sie entspringt der Angst und will ihn nur irgendwo harmlos halten, wie im Sarg und in der Erde. Damit der Tote, auf seine dünne Weise, weiter lebt, muss man ihm Bewegung gönnen. Er soll zornig sein, wie früher, und im Zorn ein unerwartetes Schimpfwort gebrauchen, das nur dem bekannt war, der es berichtet. Er soll zärtlich werden; die ihn streng und erbarmungslos kannten, sollen plötzlich erleben, wie er lieben konnte. Manche wünschte man sich, jeder der Freunde

Es ist zuwenig daran gedacht worden, was von Toten wirklich lebendig bleibt, zerstreut in den anderen; und es ist keine Methode erdacht worden, diese zerstreuten Reste zu nähren und so lange als möglich am Leben zu erhalten.

Die Freunde eines toten Mannes kommen an bestimmten Tagen zusammen und sprechen nur über ihn. Sie machen ihn noch mehr tot, wenn sie nur Gutes über ihn sagen. Sie sollten lieber streiten, für oder gegen ihn Partei nehmen, geheime Streiche von ihm berichten; solange es noch Überraschendes über ihn zu sagen gibt, verändert er sich und ist nicht tot. Die Pietät, die ihn auf einem bestimmten Stand zu konservieren sucht, ist gar nicht freundschaftlich. Sie entspringt der Angst und will ihn nur irgendwo harmlos halten, wie im Sarg und in der Erde. Damit der Tote, auf seine dünnere Weise, weiter lebt, muß man ihm Bewegung gönnen. Er soll zornig sein, wie früher, und im Zorn ein unerwartetes Schimpfwort gebrauchen, das nur dem bekannt war, der es berichtet. Er soll zärtlich werden; die ihn streng und erbarmungslos kannten, sollen plötzlich erleben, wie er lieben konnte. Beinahe wünschte man sich, jeder der Freunde hätte seine Rolle des Toten darzustellen, und aus allen zusammen wäre es dann da. Man könnte auch bei diesen Festen allmählich Jüngere und Nicht-Initiierte zulassen, damit sie, soweit es ihnen möglich ist, den ihnen Unbekannten noch erleben. Gewisse Gegenstände, die mit ihm zusammenhängen, sollten von Hand zu Hand gehen, und es wäre schön, wenn bei jeder jährlichen Zusammenkunft zu einer Geschichte sich auch ein neuer bis dahin geheim gebliebener Gegenstand fände.

Man muss sich von Zeit zu Zeit, besser oft, am besten immer, auf etwas beziehen, das sehr weit von einem weg ist und auf das man gar keinen Einfluss hat. Seit die Sterne so weit weggerückt sind, eignen sie sich besser dazu als Gott. Denn sie sind immer wieder sichtbar, und sie bleiben sich gleich. Es sind ihrer viele und es könnten ihrer noch mehr sein. Sie senden einem Licht, und man weiss, dass man ihnen keines wiedergeben kann.

hätte seine Rolle des Toten darzustellen, und aus allen zusammen wäre er dann da. Man könnte auch bei diesen Festen allmählich Jüngere und Nicht-Initiierte zulassen, damit sie, soweit es ihnen möglich ist, den ihnen Unbekannten noch erleben. Gewisse Gegenstände, die mit ihm zusammenhängen, sollten von Hand zu Hand gehen, und es wäre schön, wenn bei jeder jährlichen Zusammenkunft zu einer Geschichte sich auch ein neuer bis dahin geheim gebliebener Gegenstand fände.

Man muß sich von Zeit zu Zeit, besser oft, am besten immer, auf etwas beziehen, das sehr weit von einem weg ist und auf das man gar keinen Einfluß hat. Seit die Sterne so weit weggerückt sind, eignen sie sich besser dazu als Gott. Denn sie sind immer wieder sichtbar, und sie bleiben sich gleich. Es sind ihrer viele und es könnten ihrer noch mehr sein. Sie senden einem Licht, und man weiß, daß man ihnen keines wiedergeben kann.

Nachwort

Von allen, die mich lehren, gewinne ich Weisheit.
119. Psalm

Nach eigenem Bekunden hat Canetti im Jahre 1942 begonnen, Aufzeichnungen zu schreiben. Zunächst während der Arbeit an *Masse und Macht* als eine Art »Ventil« konzipiert, wuchsen sie mit den Jahren zu einem Hauptpfeiler seines Œuvres. In der Gesamtausgabe seiner Schriften nimmt die von Canetti selbst getroffene Auswahl zwei stattliche Bände ein. Tatsächlich gebührt ihnen nicht nur der Menge wegen ihr bedeutender Platz in Canettis Schaffen. Die Kühnheit des Denkens, die Canetti hier entfaltet, reiht ihn unter die ersten deutschen Aphoristiker ein. Er schließt an die deutsche Tradition von Lichtenberg und Novalis, von Schopenhauer und Nietzsche an, sowie an die Schule der französischen Moralisten, vornehmlich an Pascal und La Rochefoucauld, auch an Montaigne.[1] Unmittelbar bedeutsam für seinen Werdegang war freilich die Wiener Moderne, jene Kultur, in der die witzige Formulierung besonders beheimatet war.[2] Man findet die Form bei Peter Al-

1 Eine maßgebliche Studie der aphoristischen Tradition, die auch für das Verständnis von Canetti als Aphoristiker unentbehrlich ist: Gerhard Neumann, *Ideenparadiese. Untersuchungen zur Aphoristik von Lichtenberg, Novalis, Friedrich Schlegel und Goethe,* Fink, München 1976.

2 Stefan H. Kaszyński, *Kleine Geschichte des österreichischen Aphorismus,* Francke, Tübingen und Basel 1999.

tenberg und Hugo von Hofmannsthal, bei Arthur Schnitzler und Otto Weininger, sowie bei dem für Canetti so bedeutsamen Karl Kraus. Auch Musil, Kafka und Wittgenstein gehören zu den Autoren, die in der Kurzform glänzten. Canetti jedoch schenkt dem herkömmlichen Aphorismus bzw. dem Fragment neue Spielarten. Häufig hebt er die klassische Polarität der Maxime auf, und zerbricht die Form, um ihr neue, überraschende Aussagen abzugewinnen. Ob er über seine Lektüre berichtet, ob er mit Gott hadert oder ob er seine Zeitgenossen karikiert, man stößt bei Canetti stets auf ein Denken, das durch Frische und Plastizität überrascht.

Wenn es bei Pascal heißt *»Toutes les bonnes maximes sont dans le monde ...«,*[3] dann ebenfalls bei La Bruyère *»Tout est dit...«*[4] und sich Goethe nicht scheut, mit seinem »Alles Gescheite ist schon gedacht worden...«[5] die altehrwürdige Meinung zu wiederholen, weigert sich Canetti, diese zu übernehmen: Er wandelt die Weisheit um und betont den schon von Herder bemerkten Gesprächscharakter der Gattung: »Die großen Aphoristiker lesen sich so, als ob sie alle einander gut gekannt hatten.«[6] Canetti will originell sein, er will Neues bieten, er will schockieren. Schließlich liegt ihm daran, jene Änderungen in der Welt zu bewirken,

3 Pascal, *Pensées,* in *Œuvres* II, Hrsg. Michel le Guern, Pléiade, Paris 2000, S. 750. Nr. 473.

4 La Bruyère, *Les Caractères,* Hrsg. Robert Pignarre, Garnier Flammarion, Paris 1965, S. 82. Nr. 1.

5 Goethe, *Werke,* Münchner Ausgabe, Hanser, München 1991; 17.1, S. 801, Nr. 473.

6 Canetti, *Aufzeichnungen 1942–1985,* Hanser, München 1993, S. 53. Im Text als IV zitiert.

die seinen Vorgängern verwehrt blieben. Das bedarf einer neuen Technik, einer neuen Sprachform, die Canetti in der sinnlichen Metapher findet. Die nahtlose Verknüpfung von Reflexion und Bildlichkeit, die Canettis Sprechen charakterisiert, dürfte kaum einem früheren Aphoristiker so durchgehend geglückt sein. Philosophie und Literatur gehen bei Canetti eine so enge Verbindung ein, daß sich schließlich die gedankliche Aussage dem Mythos nähert. So versucht er, den Riß zwischen Mythos und Philosophie, der sich im Westen mit Platon auftat, durch die Mittel der modernen Poesie aufzuheben, um auf diese Weise eine Denkart herbeizuführen, die ein Handeln einschließt.

Die Entdeckung eines unbekannten Manuskriptes von Aufzeichnungen Elias Canettis aus dem Jahre 1942, das den Ursprung dieser Denkform wie in einem Schlaglicht erhellt, bedeutet eine kleine Sensation. Ist auch die Qualität dieser Texte sehr unterschiedlich, so legen sie doch ein beredtes Zeugnis von Canettis Ambitionen ab, da er sich erstmals den geistigen Tücken der Kurzform zuwandte.

Die allgemein akzeptierte Erklärung für den Arbeitsbeginn an den Aufzeichnungen hat Canetti in einer Vorbemerkung zum Band *Die Provinz des Menschen* geliefert, in dem er seine Aphorismen aus den Jahren 1942–1972 vorstellte. Der Titel erinnert an die französischen Moralisten, denen es um die Wissenschaft des Menschen ging, aber im Vergleich zum hohen Anspruch des Titels bagatellisiert Canetti geradezu das Buch, als ob es bei ihm nicht um ein *opus magnum* sondern um ein zufälliges Nebenprodukt ginge. Seine Erklärung sei an dieser Stelle wiederholt:

> Wie es zu diesen Aufzeichnungen kam, möchte ich in wenigen Worten sagen. Die Konzentration auf ein einziges Werk, »Masse und Macht«, von dem ich wußte, daß es mich vielleicht noch Jahrzehnte in Anspruch nehmen würde, und eine Art Verbot, mit dem ich jede andere und besonders jede rein literarische Arbeit belegt hatte, erzeugten einen Druck, der mit der Zeit gefährliche Ausmaße annahm. Es war unerläßlich, ein Ventil dagegen zu schaffen, und ich fand es, Anfang 1942, in den Aufzeichnungen. Ihre Freiheit und Spontaneität, die Überzeugung, daß sie nur für sich bestanden und keinem Zwecke dienten, die Verantwortungslosigkeit, mit der ich sie nie wieder las und nichts an ihnen änderte, retteten mich vor einer fatalen Erstarrung. (IV, 5)

Diese ausgewogene Darstellung aus dem Jahre 1973, die in der Gesamtausgabe wiedergegeben wird, wirkt maßvoll und diszipliniert, zumal im Vergleich mit den höchst individuellen Aufzeichnungen, die der Band enthält: der Beginn der Arbeit, das klare Verhältnis zu *Masse und Macht*, der Ventilcharakter – alles in dieser Entstehungsgeschichte wirkt sinnvoll, logisch, klar. Betrachtet man dagegen Canettis Vorwort zu den *Aufzeichnungen 1942–1948*, die 1965, acht Jahre zuvor, erschienen, bekommt man ein anderes Bild. Hier schreibt er, von der konzentrierten Arbeit an *Masse und Macht* ausgehend, sehr viel ausführlicher:

> ... Anfang 1942, als der Druck dieser Disziplin kaum noch erträglich war, beschloß ich, mehr Zeit an die Aufzeichnungen zu wenden, die ich früher sehr viel unregel-

> mäßiger geführt hatte. An jedem Tag, an dem es nur irgend möglich war, verbrachte ich ein oder zwei Stunden damit, niederzuschreiben, was mir durch den Kopf ging. In dieser Stunde der Freiheit war alles erlaubt, wenn es nur spontan war und später nicht aufgenommen wurde. Es durfte kurz oder lang sein, hitzig oder kalt, böse oder gut. Da es nie wiedergelesen wurde, mußte man sich nicht schämen, wenn es in seiner Offenheit vielleicht peinlich oder wenn es nicht ganz klar war. Die redliche Überzeugung, daß ich diese Dinge nur für mich niederschrieb, einfach um am Leben zu bleiben und nicht zu ersticken, beließ ihnen ihre Unmittelbarkeit. Es bestand nie die Absicht, sie wieder vorzunehmen, irgend etwas an ihnen zu ändern und sie so zu verfälschen. Allmählich spürte ich, daß ein besonderer Teil meines Lebens in diese Aufzeichnungen ging …[7]

Dieser erste Bericht läßt auf eine kompliziertere Sachlage schließen, aber auch er vereinfacht das Bild. Was die Entstehung betrifft, erfährt man nun, daß Canetti schon vor dem Jahre 1942 seine Aufzeichnungen begann, sie aber in diesem Jahre einerseits disziplinierter fortsetzte (»An jedem Tag, an dem es nur irgend möglich war …«) andererseits als völlig freie Arbeit verstehen wollte. In der Tat wissen wir jetzt aus Canettis Nachlaß,[8] daß er schon 1925 eine Frühform von Aufzeichnungen schrieb, und sie ab 1931–

7 Canetti, *Aufzeichnungen 1942–1948*, Hanser, München 1965, S. 7–8.
8 Für diese Information danke ich Canettis Biographen Sven Hanuschek.

1932 so nannte; doch bedeutet 1942 einen Neuansatz, weil er von da an wirklich fast jeden Tag das Schreiben pflegte.

Canettis Art, den Ursprung seines Projekts zu schildern, läßt nicht nur an seine persönliche Situation 1942 denken, sondern auch an die Tradition der Kurzform. Aphorismensammlungen haben sehr verschiedene Geschichten. Die Gespräche des Konfuzius stellten seine Schüler zusammen. Pascals *Pensées* enthalten Bruchstücke einer geplanten Apologie. Chamfort notierte sich jeden Tag, was ihm einfiel, was ihm begegnete. Die regelmäßig geführten *Sudelbücher* wollte Lichtenberg später einmal ausarbeiten. Canetti, der sich im England des Zweiten Weltkriegs literarisch in der Wüste befand, knüpft in sehr individueller Weise an diese heterogene Tradition an, und zwar indem er den privaten Charakter seiner Texte betont und ihren Ursprung fast dem Zufall zuschreibt. Der therapeutische Zweck fällt besonders deutlich ins Auge. Die Bewertung des Unternehmens als Therapie erinnert an das griechische Wort *aphorismos,* das auch soviel wie »medizinische Sentenz« bedeutet. Daß Canetti aber nicht gar so planlos, nicht ganz so unambitioniert, nicht so vollkommen isoliert vor sich hinarbeitete, wissen wir aus den Zeugnissen seiner Freunde. Die heimliche, schließlich doch auf eine Veröffentlichung zielende Intention bestätigt das Manuskript der *Aufzeichnungen für Marie-Louise.*

Canetti muß bald nach Arbeitsbeginn 1942 die Bedeutung seiner neuesten Texte erkannt haben, was die Gestaltung des hier gedruckten Manuskripts nahelegt. Denn im selben Jahr, da er die Arbeit an der neuen Gattung aufnahm, verfertigte er diese in Schönschrift geschriebene

Sammlung, ein Geschenk an seine Freundin, die Malerin Marie-Louise von Motesiczky, in deren Besitz sie nach ihrem Tode aufgefunden wurde. Keine andere Handschrift dieser Art ist von Canetti bekannt. Dem Ganzen haftet eine gewisse Feierlichkeit an, die auf den Stolz des Autors schließen läßt. Laut Titel stammen sämtliche Aufzeichnungen aus der zweiten Septemberhälfte 1942, manche aber schrieb Canetti fast sicher erst Anfang Oktober.[9] Die große Mehrzahl blieb bis heute der Öffentlichkeit unbekannt. Von den 105 veröffentlichten Texten aus dem Jahre 1942 befindet sich kaum einer in diesem Manuskript. Insgesamt enthält es 129 Aufzeichnungen. Das bedeutet, daß die hier gedruckte Handschrift die Zahl der bekannten Texte aus jenem ersten Jahr mehr als verdoppelt.

Die neu aufgefundenen Aufzeichnungen reihen sich thematisch in die bekannten Arbeiten fast nahtlos ein, bergen aber manche Überraschung. Das Doppelmotiv, das Canetti von früh an bewegte, findet sich auch hier: der Kampf gegen den Tod und der Haß gegen den Krieg. Insofern die frühen Aufzeichnungen ein »Ventil« darstellten, gaben sie Canetti die Chance, sich unmittelbar mit dem Zweiten Weltkrieg auseinanderzusetzen, dem er sich in *Masse und Macht* – dem großen Rahmen des Entwurfs zufolge – nur indirekt nähern durfte. Die Behandlung von Krieg und Tod unterliegt in *Masse und Macht* einem gewissen Zwang systematischen Darstellens. In den Aufzeichnungen beleuchtet sie Canetti ganz nach Belieben. Ebenfalls typisch für sein Schreiben – man bemerkt dies nicht ohne Verwunde-

9 Mitteilung von Sven Hanuschek; vgl. S. 115.

rung – ist die ständige Bemühung um Gott, ein Ringen, das schon in den *Aufzeichnungen für Marie-Louise* zu Wort kommt.

In diesen Aufzeichnungen kann man noch manche Spuren von Canettis Denken erkennen, die er später verwischt. Unter den veröffentlichten Stücken aus dem Jahre 1942 findet sich z. B. eines, das sich mit Kant beschäftigt, einem Denker, über den sich Canetti zwar an anderer Stelle positiv äußert, mit dem aber seine Denkart wenig gemein hat. Dem kategorischen Imperativ Kants stellt Canetti 1942 seine eigene Maxime gegenüber: »Handle so, wie du nie wieder handeln könntest« (IV, 30). Kants Maxime wandelt Canetti in einen Imperativ der Freiheit um, in eine Formel, die den ethischen Zwang jeglichen Gesetzes auflösen möchte. Die *Aufzeichnungen für Marie-Louise* enthalten weitere Stücke dieser Art.

Pascal gehört zu Canettis ständigen Wegbegleitern. Der Dialog mit ihm durchzieht die Aphorismen wie ein roter Faden. In den *Aufzeichnungen für Marie-Louise* wagt Canetti es noch, auf einen Satz Pascals zu antworten. Die schillernde, fast magische Aufzeichnung, »Le silence éternel de ces espaces infinis m'effraie«,[10] in der das moderne Gefühl der Angst gegenüber der Unendlichkeit des Himmels erstmals seinen gültigen Ausdruck findet, gehört inzwischen zum Bestand westlichen Denkens und Fühlens. Mit seinem majestätischen Rhythmus wirkt der Satz wie ein Kurzgedicht. Der junge Canetti hat ihn weniger rhythmisch

10 Pascal, op. cit, S. 615. Nr. 187.

umformuliert: »Ich fürchte mich vor den Sternen, die ich nicht kenne« (S. 39). Pascal stellt die Angst vor dem unendlichen Himmel dar, indem er von der Unendlichkeit ausgeht und am Ende des Satzes ihre Wirkung auf das Subjekt wie einen Schock vorführt. Canetti dagegen dreht die Reihenfolge um und beginnt mit dem Ich, dabei eine perspektivische Umkehrung erzielend, derzufolge nicht die Macht des Raums, sondern das menschliche Unvermögen in den Mittelpunkt rückt. Es geht Canetti weniger um die Erhabenheit, als vielmehr um die Erkenntnis. Bei Pascal ist alles Rhythmus, Atem, Klang – seine Aussage ist eine unendliche Andeutung: er nennt nicht die Sterne, lediglich den Raum. Die Erwähnung der Himmelskörper wäre zu konkret, zu genau. Indem Canetti die Sterne einführt, wirkt seine Antwort klein, ja fast pedantisch. Sie kann vor Pascal nicht bestehen. Es leuchtet ein, daß Canetti diesen Satz nicht in die Sammlung der Aufzeichnungen von 1942 aufgenommen hat. Erst in reiferen Jahren findet er einen würdigen Ausdruck für das Empfinden der Leere. Hier z. B. gibt er ein persönliches Erleben mit einem Satz wieder, der sich nicht mehr so deutlich auf Pascal bezieht: »Pause bis zur Wiederauffindung der Ewigkeit«.[11] Nun hat Canetti eine eigene Syntax, eine eigene Doppeldeutigkeit gefunden: der prädikatlose Satz, der die Stellung in der Zeit präzise zu evozieren vermag. Spricht der Satz allein vom Subjekt? Oder von einem Zeitalter ohne Gott? Die Antwort bleibt in der Schwebe, Zeitlichkeit und Ewigkeit hal-

11 Canetti, *Aufzeichnungen 1954–1993*, Hanser, München 2004, S. 357. Im Text als V zitiert.

ten sich gedanklich im Gleichgewicht. Statt Pascal zu imitieren oder zu kommentieren, geht Canetti in solchen Aussagen seinen eigenen Weg. Folglich zieht er sich im hohen Alter von dem Meister zurück; im letzten Aufzeichnungsband heißt es: »Nur Pascal hat es alles gewußt, und ist mit 39 gestorben. Was soll einer, der 88 ist, von sich denken?« (V, 448)

Um dieselbe Zeit, da die letzte Bemerkung über Pascal entstand, schrieb Canetti eine witzige Entgegnung auf den Stil der Moralisten, wie ihn vor allem La Rochefoucauld mit seinen *Maximes* repräsentierte: »Ein Moralist,« so Canetti, »gilt auf alle Fälle als einer, der von Unerreichbarem redet und sich daraus einen Spaß macht.« (V, 449) Canetti dreht hier den Spieß um. Er nimmt die geistreiche Methode unter die Lupe und stellt dadurch ihren ethischen Gehalt bloß: das Gesetz des Moralisten erweist sich letztendlich als Unmoral. Das verweist auf eine skeptische Distanz zur Überlieferung, und in der Tat: Canettis Aufzeichnungen, die sich nicht scheuen, Montaigne und Pascal zu zitieren, enthalten keine einzige Erwähnung von La Rochefoucauld oder La Bruyère. Die frühen *Aufzeichnungen für Marie-Louise* verdeutlichen dagegen, wie sehr er sich mit ihnen beschäftigte. La Rochefoucaulds Art, eine Maxime als verblüffende Definition zu gestalten, die einen Begriff durch witzige Dialektik mit seinem Gegenteil verbindet, hat beim frühen Canetti ihre genaue Entsprechung: »Sentimentalität ist die Bestechlichkeit der Güte« (S. 49). Hier huldigt Canetti der Form klassischer Sätze wie jenem bekanntesten Ausspruch La Rochefoucaulds, in dem der Spott zum Prinzip der Moral transzendiert: »L'hypocrisie est un hommage que le vice rend à la vertu.«[12] Auch Canettis Vorbild Karl Kraus benutzt diese Formel, etwa wenn er bemerkt, die Psychoanalyse sei die Krankheit, deren Heilung sie zu sein vermeint. Anders aber als bei den Vorgängern zweifelt man bei Canetti, ob der Pfeil des Hohns sein Ziel trifft. La Rochefoucaulds Logik leuchtet sofort ein, doch muß sich der Leser fragen, ob sich – wie es Canettis Auffassung verlangt – die *Sentimentalität* wirklich von der *Güte* herleiten läßt, oder ob sich nicht viel eher der junge Autor vom Glanz des französischen Sprachzauberers bestechen ließ. Wenn eine Maxime nicht unmittelbar überzeugt, zerbricht sie an der eigenen Pointe. Ebenfalls bemüht sich Canetti um die alte Formel, die mit einem »X ist Y...« beginnt, wenn er eine Aufzeichnung sinnlich gestaltet: »Der Regen ist der Zins des Himmels an die Erde, für seine wolkige Beute.« (S. 27) Hier verbindet sich die alte Struktur mit einem neuen Gehalt, denn die ganze Dringlichkeit Canettis, die so oft in Bildern zu uns spricht, kündigt sich in dieser lyrischen Gestaltung einer Maxime an; doch stört hier die fragwürdige, nicht ganz durchdachte Metapher, die sich schlecht mit dem Naturbild verträgt. Sinn und Bild haben hier noch nicht zu jener Einheit gefunden, die Canetti anstrebt, und für die weder La Rochefoucauld noch Karl Kraus als Muster dienen können.

Canetti strebt jedoch weit hinter die Moralisten zurück und setzt sich mit den Grundsätzen des westlichen Denkens auseinander. Dies tritt vielleicht nirgendwo deutlicher zu Tage, als in einem Satz in den *Aufzeichnungen für Ma-*

12 La Rochefoucauld, *Maximes*, Hrsg. Jacques Truchet, Garnier Flammarion, Paris 1977, S. 64. Nr. 218.

rie-Louise, der auf jene bekannte Aussage des Protagoras antwortet. Der Spruch wurde schon in der Antike diskutiert und ist in Platons *Theätet* überliefert, wo ihn Sokrates zitiert: »der Mensch sei das Maß aller Dinge, der Seienden, daß sie sind, der Nichtseienden, daß sie nicht sind.«[13] Canettis Antwort lautet schlicht: »Der Mensch ist das Maß aller *Tiere.*« (S. 47) Das verändert die Regel, stellt den Satz in einen neuen geistigen Rahmen. Für Sokrates versinnbildlicht Protagoras den Relativismus: man könne alles nur im Hinblick auf den Menschen messen, d.h. die objektive Wahrheit existiere nicht. Platon läßt Sokrates dieser Ansicht widersprechen, auch Aristoteles wendet sich in der *Metaphysik* dagegen.[14] In der Renaissance folgt ihnen Montaigne.[15] Allerdings: mit dem Skeptizismus des Sextus Empiricus erfuhr Protagoras eine Aufwertung, und in der Neuzeit erhielt sein Satz einen neuen Sinn, durch den er zum Motto des Humanismus avancierte. Ohne Bezug auf den ursprünglichen Kontext wird der Satz heute so zitiert, als ob er die Würde des Menschen meinte, wie diese in Leonardos berühmter Zeichnung von einem Mann im Kreise oder in Dürers Entwurf zu einem Lehrbuch der Malerei dargestellt wird, in denen der Mensch – in Anlehnung an Vitruv – buchstäblich als »Maß« aller Dinge erscheint. Diese positive, die Würde des Menschen beschwörende Ansicht, bildet den Hintergrund zu Canettis Satz. Er will, wie es mir scheint, nicht den Relativismus des Protagoras wi-

13 Wilhelm Capelle, Hrsg., *Die Vorsokratiker,* Kröner, Stuttgart 1968, S. 327. Platon, *Theätet,* 151 ff.

14 *Metaphysik* 4. 1007 b 18 ff.

15 *Essais,* II, Nr. 12.

derlegen, sondern eine zentrale Kategorie der Renaissance relativieren. Statt den Menschen an die Spitze der Schöpfung zu stellen, ortet ihn Canetti – Darwin folgend – bei den Tieren. Dabei knüpft Canetti an Weiningers Umformulierung der Renaissance-Philosophie an, in der Weininger versucht, die Beziehung zwischen Mensch und Tier neu zu definieren. Laut dieser Tierpsychologie spiegelt sich die große Welt der Tiere im Menschen, der wiederum als Mikrokosmos die Eigenschaften einzelner Tiere in sich birgt.[16] Dieser Gedankengang hilft uns, Canetti konsequent auszulegen. Ihn hat aber auch Protagoras' Spruch nicht losgelassen. Unter den veröffentlichten Sätzen für das Jahr 1942 erscheint das Zitat abermals verwandelt: »Man hat kein Maß mehr, für nichts, seit das Menschenleben nicht mehr das Maß ist.« (IV, 22) Das sitzt. Protagoras' Relativismus kehrt als Zeitkritik wieder. Jahrelang schlägt sich Canetti noch mit dem Problem herum, bis er schließlich 1964 seine Kritik verinnerlicht: »Er fühlt sich geeicht, doch er kennt nicht das Maß.« (IV, 279)

Bedenkt man die Autoren, mit deren Maximen und Sätzen sich Canetti 1942 und vor allem in den *Aufzeichnungen für Marie-Louise* auseinandersetzt – Protagoras, Pascal, La Rochefoucauld, Kant, aber auch Marx und Nietzsche –, so muß man sich fragen, wie zufällig seine Arbeit vonstatten ging, wie frei sein Reflektieren verlief. Das tritt schließlich in einer Aufzeichnung zu Tage, die einen untypischen Grad der Abstraktion aufweist:

16 Wilhelm Weininger, *Über die letzten Dinge,* 4. Auflage, Wien 1918, S. 113–130.

> Sympathie für die dualistischen Formen des Denkens; es mag viel zwischen den zwei Grundprinzipien zerrieben werden, aber es bleibt unzweifelhaft mehr erhalten als bei dem früheren. Mir selbst am nächsten liegt ein Dualismus, dessen einer Pol pluralistisch geartet ist: so hat man drei Waffen für die Untersuchung der Welt gewonnen: man behandelt das Viele, das Eine (als seinen Gegensatz) und in ihrer Wirkung aufeinander die Zwei. (S. 29)

Die Formel enthält eine Philosophie *in nuce*. Obzwar mit rationaler Klarheit formuliert, wirkt sie nicht ganz eindeutig. Man fühlt sich fast an Novalis und Hölderlin erinnert, die knapp und anregend in wenigen Sätzen ein System entwerfen. Canetti will hier das dualistische, seit Platon geläufige Denken, das einen bestimmten *Inhalt* bedeutet, als *Methode* begreifen – wie dies schon bei Schelling thematisiert wird und in der Folge von Hegel und Marx naheliegt. Dabei verfällt er auf eine dialektische Struktur, in der man zwar Aspekte seiner Theorie der Masse, doch in ihrer Abstraktheit einen viel allgemeineren Neuansatz erkennt. Canetti verknüpft den Gegensatz zwischen Geist und Körper mit zwei weiteren Polen, Einheit und Vielheit, die man alle gegeneinander ausspielen müßte. Das ergibt eine gewaltige Dialektik. Angesichts der denkerischen Kraft, die sich hier kundtut, verwundert es nicht, daß sich Canetti soviel Mühe bei der Abfassung der Reinschrift seiner *Aufzeichnungen für Marie-Louise* gab.

Vermutlich hat Canetti das Manuskript als Geschenk zu Marie-Louises 36. Geburtstag am 24. Oktober 1942 fertiggestellt. Dieses Datum könnte die Auswahl »aus der zweiten Septemberhälfte 1942« erklären. Vielleicht wollte Canetti die Freundin mit seiner jüngsten Produktion überraschen. Wie aber schon bemerkt, stammen manche Aufzeichnungen von Anfang Oktober. Ob sich Canetti bei der Datierung irrte, oder ob er die zweite Septemberhälfte als Epoche wählte, da diese eine besondere Bedeutung besaß – z. B. als Erinnerung an die Zeit, da sie sich drei Jahre vorher kennenlernten – läßt sich heute nicht ermitteln. Wir haben kaum Zeugnisse für dieses frühe Stadium ihrer Beziehung und das seltene Stück dürfte das erste ungefähr datierbare Zeichen ihrer Bekanntschaft sein.[17] So kommt dem hier veröffentlichten Manuskript eine zweifache Bedeutung zu: als Zeugnis von Canettis Aufzeichnungswerk sowie als Urkunde und als Monument eines langjährigen Umgangs, der dem Paar viel Glück und besonders Marie-Louise viel Unglück bescherte. Ein kurzer Spruch Canettis könnte als Motto für diese erstaunliche Beziehung stehen: »Man kann alles töten: einen Menschen, ein Werk, einen Namen und selbst einen Gott, aber keine wirkliche Liebe.« (S. 41)

Man kann sich kaum zwei gegensätzlichere Personen vorstellen. Er klein, intellektuell, Republikaner – ja, in den vierziger Jahren noch kommunistisch gesinnt, wie die *Aufzeichnungen für Marie-Louise* eindeutig verraten –, sicher, heftig im Auftreten; sie aristokratisch, schlank und ungewöhnlich hoch gewachsen, in weltlichen Angelegenheiten

17 Die meisten Briefe zwischen Canetti und Marie-Louise sind nicht datiert. Die ersten, die sich grob datieren lassen, stammen aus der Zeit, da die gefürchteten V2-Raketen auf London fielen und Canetti einem solchen Angriff entkam, also ab September 1944.

naiv und im Innersten zutiefst unsicher. Sie galt als große Schönheit – Iris Murdoch verglich sie einmal mit einem Segelschiff, das durch den Ozean der Welt gleitet; er dagegen litt unter seiner kleinen Figur und einem Aussehen, das er als häßlich empfand. Sie kam aus wohlhabendem Haus, sorgte sich nie um Geld; er lebte in Geldnot und wußte nicht, wie er sich versorgen sollte; sie kam aus einer bekannten Familie von assimilierten Wiener Juden; er gehörte – wie Joseph Roth – zu den ostjüdischen Neulingen, die sich der modernen Kultur Wiens anschlossen. Vom Typus her entsprachen sie sich eher: denn sie gehörte zu den ansehnlichen Künstlerinnen, die Canetti stets verehrte – man denke an Anna Mahler, an Friedl Benedikt oder an Iris Murdoch –, er zu den starken Leit- und Vaterfiguren wie Max Beckmann und Oskar Kokoschka, die ihren Werdegang bestimmten. In der familiären Konstellation gab es einen Bezug, der sich im Umgang bemerkbar gemacht haben dürfte, denn beide hatten früh den Vater verloren, und waren von der Mutter erzogen worden. Die Kindlichkeit, die sich beide bewahrt hatten (eine Eigenschaft Canettis, die Veza in *Die Schildkröten* festhält, und die Marie-Louise zeitlebens nie verlor), mag sich daraus erklären. Canettis Mutter war zwei Jahre vor seiner Emigration gestorben, ihre Rolle übernahm teilweise seine Frau Veza, Marie-Louises Mutter begleitete die Tochter ins Ausland. Kaum aber wären sich Marie-Louise und Canetti im Wien der dreißiger Jahre so nahe gekommen, wie dies im England der vierziger geschehen sollte. Entscheidend für ihre Bekanntschaft dürfte die Verfolgung ihres Volkes gewesen sein, das gemeinsame Fatum im unbequemen Gastland, sowie die ästhetische Ambition. Sie pflegten nämlich selbst im England der Kriegsjahre jene geistige Kultur der Wiener Moderne, und teilten ein in diesem Kulturkreis beheimatetes Ethos, wie dieses vor allem durch Adolf Loos und Karl Kraus repräsentiert ist. Gemeinsam war ihnen auch ein unabhängiger, alles befragender Geist, der sich von kaum einem Tabu, von keiner Religion einschüchtern ließ, und ein Mut, der sich unter den widrigsten Umständen bewährte. Sie lebten für die Kunst – betrachtet man hier ausnahmsweise *Masse und Macht* als Dichtung –, und die Freundschaft, die sie sich entgegenbrachten, lag nie weit entfernt von gegenseitiger Förderung, ob praktisch oder geistig. So ermunterte Canetti stets die von Selbstzweifeln gequälte Freundin zum Malen und verhalf ihr mehr als einmal zu einem wichtigen Auftrag; sie hingegen diente dem Dichter als Mäzen. In ihrer Anschauungsart adoptierte Marie-Louise manche Gedanken Canettis, vor allem den Kampf gegen den Tod: sie lernte von ihm die Kunst, zumal das Portrait, als Möglichkeit zu empfinden, einen Menschen vor dem Untergang zu bewahren, und verwirklichte dieses Vorhaben in ihren bedeutendsten Bildern – jener ergreifenden Serie von Portraits, die das bittere Altern ihrer Mutter dokumentiert. Seinerseits borgte Canetti manches von Marie-Louises sezierendem Blick, nicht zuletzt in den schonungslosen Darstellungen seiner Freunde, wie wir sie in *Party im Blitz* wiederfinden. Verständlicherweise fand das Paar mit dem kontinentalem Blick und der Wiener Zunge durch lange Jahre hin weder Ohr noch Auge auf der Insel, ein Schicksal, das die Freunde auch in den Zeiten der inneren Distanz verband.

Canetti flüchtete Anfang 1939 mit Veza nach England und lernte Marie-Louise wahrscheinlich im selben Jahr, spätestens 1940 in London kennen – vielleicht waren sie schon damals Nachbarn in Hampstead, vielleicht lernten sie sich durch gemeinsame Freunde kennen. Sie wurde vermutlich bald Canettis Geliebte, und die Freundschaft, wenn auch in späterer Zeit zunehmend brüchig und gespannt, währte über ein halbes Jahrhundert und endete erst im Jahre 1994 mit Canettis Tod. Veza tolerierte seine Liebesverhältnisse und befreundete sich zunächst mit Marie-Louise. Einige Photos aus den ersten Jahren zeigen sie zusammen mit Veza, die ihr sogar einen ihrer Romane widmete. Marie-Louise und ihre Mutter überredeten die Canettis, während der Evakuierung im Blitzkrieg nach Amersham

bei London zu ziehen – ein hübscher Ort am westlichen Ende der Metropolitan U-Bahn-Linie – und die Canettis bezogen jene Zimmer bei dem Ehepaar Milburn, in denen zuerst die Motesiczkys gehaust hatten. Von diesen Gastgebern hat Canetti ein unvergeßliches Bild in *Party im Blitz* geliefert. Zwar wirken die Räumlichkeiten auf den erhaltenen Fotos viel größer als in Canettis Erinnerung, doch war dort für seine Bücher zu wenig Platz, und Canetti hat sie bei den Motesiczkys aufgestellt, die um die Ecke in ein schönes Haus gezogen waren. Ein Foto zeigt Canetti dort an einem Schreibpult vor seinen Büchern stehend mit Marie-Louise zur Linken. So begann jene Sitte, die fünfzig Jahre währte, derzufolge Canetti stets ein Arbeitszimmer im Hause Motesiczky unterhielt. Bis zu seinem Tod stand sein Exemplar von Prousts *Recherche* in ihrem Salon auf dem Bücherregal. Doch schon vor Ende der vierziger Jahre trübte sich die Beziehung zwischen Veza und Marie-Louise, vielleicht weil diese die Hoffnung auf eine Ehe hegte, und dadurch die Bindung mit Canetti, auf der Veza bestand, gefährdete. Umgekehrt hat Canettis Weigerung, sich für Marie-Louise zu entscheiden, die Freundin, die jahrelang auf ihn wartete, innerlich zerrüttet.

Verkörperte Canetti für seine Freundin das literarische Wien von Kraus, Musil und Broch, so brachte ihm Marie-Louise ganz andere, von ihm nicht immer geschätzte Aspekte seiner verlassenen Wahlheimat entgegen, die zu jener Faszination gehörten, die die Malerin zeitlebens – nicht nur auf Canetti – ausübte.[18] Ihr Stammbaum verband sie mit den ersten jüdischen Familien Wiens – von Todesco, von Schey, von Lieben, Ephrussi, Gomperz. Stets pflegte man breitgefächerte kulturelle Interessen, besonders auch die Kultur der Gegenwart. Die Generation von Marie-Louises Großeltern verkehrte mit Makart und Ibsen, mit Brahms und Liszt, und Johann Strauss hatte seine erste Frau, Jenny Treffz, im Palais Todesco an der Ringstraße gegenüber der Oper kennengelernt. Marie-Louises Großmutter, die exzentrische Anna von Lieben, schrieb Gedichte, und gehörte zu Freuds ersten Patienten. Sie ist als *Frau Cäcilie M.* in jener Gründungschrift der Psychoanalyse, Freud und Breuers *Studien über Hysterie,* in die Literatur eingegan-

18 Vgl. Jill Lloyd, *Marie-Louise von Motesiczky – Eine Malerin der Erinnerung,* in: Die Liebens. 150 Jahre Geschichte einer Wiener Familie, Hrsg. E. Fuks u. G. Kohlbauer, Böhlau, Wien, 2004, S. 205–225.

gen. Das mag für Canetti als Freud-Gegner besonders pikant gewesen sein. Auch Marie-Louises Mutter, Henriette, die mit ihrer Tochter ins Exil zog, hatte als Kind im Palais Todesco gewohnt und verfaßte eigene Gedichte und Erzählungen. Als Mädchen war sie in den jungen Hofmannsthal verliebt gewesen. In Marie-Louises Generation hielten diese Interessen an – ihr Bruder Karl studierte bei Wilhelm Reich und war mit dem jungen Doderer befreundet. Marie-Louise wurde, nachdem sie zu zeichnen begonnen hatte, von Max Beckmann, der ihr Elternhaus besuchte, gefördert. Als man schließlich 1942 in Amersham diese in der Barbarei untergehende Kultur fortsetzte, dürfte der Plan, Marie-Louise mit einem Manuskript zu ehren, sich wie von selbst ergeben haben.

Versucht man sich die Umstände zu vergegenwärtigen, unter denen Canetti sein Geschenk gestaltete, so kann man sich vorstellen, daß die Heiterkeit, die das Geburtstagfest für Marie-Louise begleitete, falls dieses wirklich stattfand, einigermaßen gedämpft war. Der Blitzkrieg war zwar überstanden, und es war für London eine Pause im Luftkrieg eingetreten, doch Schock und Angst hielten an, von den bösen Nachrichten aus der Heimat ganz zu schweigen. Die Deutschen kämpften mit den Russen den bitteren Kampf um Stalingrad, ein Ende war nicht abzusehen. Die Berichte über Gewalttaten in den besetzten Ländern rissen nicht ab, auch wenn bei weitem nicht das traurige Ausmaß der Wahrheit sichtbar wurde. Um nur zwei Beispiele zu erwähnen: Wie schon damals bekannt wurde, richteten am 29. September die Nazis aus Rache für das Heydrich-Attentat in Prag 255 Tschechen hin; und einen Monat später, als immer klarer wurde, was mit den Juden geschah, fand am 29. Oktober in London eine von Churchill unterstützte öffentliche Versammlung statt, um die »systematischen Grausamkeiten gegen jüdische Menschen unter dem nationalsozialistischen Regime« zu verurteilen. Man versteht, wenn das Geschenk Canettis vom Zeitgeschehen nicht absieht.

Die erhaltene Korrespondenz zwischen Canetti und Marie-Louise gibt einen guten Einblick in die Beziehung. Man hat das Gefühl, daß er damals mit der Freundin fast jeden Gedanken, fast jede Angst besprechen konnte. Das erkennt man anhand von zwei Briefen, die von *Masse und Macht* handeln, und in denen Canetti sich über seine Kollegen ausläßt. Im ersten, wahrscheinlich Mitte Mai 1948 verfaßt, verbreitet er sich über Hermann Brochs vermeintlichen Diebstahl seiner Ideen. Die Stelle enthält wertvolle Hinweise über den Fortgang von Canettis Arbeit und illustriert das Vertrauen, das er Marie-Louise entgegenbrachte:

> ... Broch... hat früher, in Wien, mit der größten Verachtung auf meine massenpsychologischen Ideen reagiert; das war die Zeit, da er mir immer zuredete, Dramen Dramen, und nichts als Dramen zu machen. Ich bin überzeugt davon, daß meine Gespräche ihn überhaupt erst auf die Sache gebracht haben, aber alles ist langsam bei ihm, und erst in Amerika (früher bestimmt nicht) kann er sich vorgenommen haben, darüber zu arbeiten. Da habe ich natürlich einen großen Vorsprung vor ihm; selbst wenn er manchen meiner Gedanken benutzen sollte, kann ich ihn *zwingen*, das öffentlich anzuerkennen, denn er ist in seinem *bewußten* Leben sehr anständig und nicht weniger

vornehm als ich. Darunter allerdings hat er viele Tücken; ich glaube auch, daß er mich nicht wirklich mag; über den Erfolg der »Blendung« hat er sich nur aus Anständigkeit gefreut, nicht von selber, in reiner wirklicher Freude. – In den englischen Jahren ist aus den Massen-Sachen bei mir etwas soviel Reicheres und Tieferes geworden; der Zusammenhang mit Problemen der Macht und vor allem der Verwandlung ist so eigenartig und neu, daß er auf keinen Fall von selbst auf dieselben Dinge gekommen sein kann. Aber trotz alledem bin ich sehr dafür, daß mein Buch vor seinem erscheint, und da gibt es nur ein Mittel; ruhig und verrückt konzentriert arbeiten. Das wird geschehen, darauf kannst Du Dich verlassen. Ich bin Dir nicht böse, wenn Du mich daran mahnst, im Gegenteil, ich habe es gern, daß Dir gerade diese Sache ans Herz gewachsen ist. Ich weiß, daß Du die Sache selbst meinst, sowie ich das Malen selbst meine, wenn ich von Deinen Bildern spreche, und dafür bin ich Dir schrecklich dankbar. Sei wirklich nicht beunruhigt über das Buch: es ist psychoanalytisch völlig verseucht, er *kann* über psychologische Dinge gar nicht von vorne denken. Der einzige wissenschaftlich geschulte Mensch, der die Tragweite meiner Gedanken schon ganz absehen kann, ist der Steiner, und der wird sich jetzt wohl hüten, etwas zu stehlen. …[19]

19 Elias Canetti an Marie-Louise von Moteszicky. Archiv, Marie-Louise von Motesiczky Charitable Trust, London. Abschrift von Ines Schlenker.

In der Öffentlichkeit hat Canetti prinzipiell Broch verehrt.[20] In der Autobiographie gibt er jedoch zu, wie schwer es ihm falle, dem Älteren »gerecht« zu werden.[21] Im privaten Gespräch mit Marie-Louise vermag er dagegen ganz ohne Scheu den Neid bloßzustellen, den Wettbewerb, die Eifersucht des Literaten, und bezichtigt den Älteren unumwunden des Plagiats. Marie-Louise lebt sichtlich ganz in Canettis Welt, ohne diese ganz zu teilen, und vermag daher alles, was ihm auf dem Herzen liegt, mitzuempfinden. Den gedanklichen Austausch, den der Briefwechsel festhält, begleitet stets auch das gegenseitige Interesse an der Arbeit. Sie redet ihm zu, weiter zu schreiben; er ermuntert sie, zu malen. Allerdings gab es starke Spannungen, wie Marie-Louises Doppelportrait nahelegt: das Bild ist kontrastreich

20 Vgl. Canetti, ›Hermann Broch. Rede zum 50. Geburtstag. Wien, November 1936‹, *Das Gewissen der Worte*, Hanser, München 1974, S. 9–22.

21 Canetti, *Die Fackel im Ohr*, Hanser, München 1985, S. 28.

in zwei Hälften geteilt, Canetti bleibt rechts in seiner Zeitung vertieft, sie scheint vom Freund verlassen, zwischen dem Paar stehen die Embleme ihrer Kunst. Auch hatte Marie-Louises Teilnahme an Canettis Gedanken eine Grenze, über die sie nicht hinwegkam, und die ihn kränkte. Trotz ihrer Unterstützung für den Autor hat sie *Masse und Macht* anscheinend nicht gelesen. Der springende Punkt kommt in einem späteren Brief zur Sprache, am 18. August 1961 verfaßt, der Canettis Verhältnis zu Adorno betrifft. Theodor W. Adorno war mit Marie-Louise durch seine Frau Gretel verwandt. Man stand auf gutem Fuß, man traf sich, man korrespondierte. Adorno schickte ihr von Zeit zu Zeit seine Bücher. Nun, *Masse und Macht* war erschienen, und Adorno hatte anscheinend bei Canetti Ähnlichkeiten zu seinem eigenen Werk festgestellt. Dies kam bei einem gemeinsamen Sommeraufenthalt mit Marie-Louise in Sils Maria zur Sprache, was den in London weilenden Canetti heftig erregte:

> Was Du mir schreibst, gefällt mir gar nicht. Es ist natürlich möglich, daß Adorno in irgendwelchen Punkten zu ähnlichen Ergebnissen gekommen ist wie ich. Ich weiß es nicht, da ich seine soziologischen Werke überhaupt nicht kenne. Aber ich weiß, daß er ein kluger Mann ist, und wenn er mir die Ähnlichkeiten zeigen sollte, werde ich mich freuen. Ich werde mich um so mehr freuen, als Ergebnisse, die auf ganz verschiedenen Wegen erlangt sind und doch übereinstimmen, nur um so mehr Beweiskraft haben. Aber ich halte es für ganz unmöglich, daß ein so gescheiter Mensch, – wenn er mein Buch wirklich gelesen hat – nicht genau sieht, wie absolut selbständig al-

les in mir entstanden ist und wie selbständig es zusammenhängt. Da ich ganz von vorn anfangen und alles frisch sehen und bedenken wollte, bin ich bewußt aller soziologischen Literatur ausgewichen. Das mag praktische Nachteile haben, wenn man an den akademischen Betrieb denkt, aber es war mir nie um einen Betrieb, sondern nur um Erkenntnis zu tun. Das weißt Du am besten, da Du es Jahrzehnte mitangesehen hast. Ich hoffe nur, Dein »Takt« geht nicht so weit, daß Du verschweigst, was Dir genau bewußt ist. Es ist sehr traurig, daß Du *anderthalb Jahre* nach Erscheinen meines Lebenswerkes nicht einmal *übersehen* kannst, was es enthält. Es hätte Dich gewiß ein bißchen Mühe gekostet, aber immerhin viel weniger als die meisten anderen Menschen, da Du ja das Wichtigste davon schon vor Jahren und Jahrzehnten von mir gehört hast. Ich frage mich, wie Du eine solche unglaubliche Nachlässigkeit vor Dir selbst rechtfertigst. Wieviel Zeit hast Du gehabt! Mit wieviel Dummheiten Dich auf das Innigste beschäftigt! [...] Deinen Widerstand gegen diese Lektüre begreife ich nicht. Du versuchst es mit Dingen, die weit schwieriger geschrieben sind, aber nur aus *persönlichen* Gründen. Soll ich wirklich glauben, *daß* Du mich aus persönlichen Gründen *nicht* lesen kannst? Es tut mir leid, daß ich Dir das jetzt sagen muß. Aber ich habe Dir so lange Zeit gelassen, unzählige »maskierte« Gespräche über »Keller« mit Dir geführt, die Du sehr wohl verstanden hast. Wenn Du Schwierigkeiten hattest, Dich einzulesen, – war ich nicht immer da? Konntest Du mich nicht fragen? Ich glaube, – außer den anderen schweren Dingen, die jahrelang zwischen uns standen und mein Leben vergiftet haben – und besonders *nach* ihnen, ist dies der böseste Schlag, den Du mir versetzt hast. Ich begreife ihn nicht, und ich schäme mich für Dich. Denn gleichzeitig freust Du Dich über äußerliche Erfolge (zu denen übrigens jetzt schon fast täglich neue Nachrichten kommen). Das Wunderbare und Ergreifende dabei ist, daß ich trotzdem Dich sehr liebe. Aber ich fürchte mich, ich fürchte, daß Du es nicht wirklich gutmachen willst. Du, ein so empfindlicher und feiner Mensch solltest nicht fühlen, daß Du einen Vulkan an Ressentiment in mir schaffst! Du hast noch immer die Macht, *alles* gutzumachen, wenn Du malst und mich mit Bildern überraschst. ... wenn Du Deinen Schlaf gefunden hast und zurückkommst, ein neuer Mensch, wirst Du es auch tun? Ganz ernst, wie es sich für einen so begabten Menschen gehört, ohne kindische Spielereien, Ausreden und Ablenkungen? So, daß ich Dich für das lieben kann, was Du bist und tust, auch wenn Dich etwas zwingt, nicht mehr in meiner innersten Welt mitzuleben?[22]

Ob sich Canetti über Brochs vermeintlichen Diebstahl aufregt, ob er seine Unabhängigkeit gegenüber Adorno bekräftigt, oder ob er schließlich Franz Steiners Fähigkeit rühmt, *Masse und Macht* zu würdigen, stets erwartet er von Marie-Louise Geduld und Verständnis. Tatsächlich finden sich Berührungen mit Broch, Adorno und Steiner, aber nur dieser stand Canetti während des Krieges nahe. In ihrem

22 Elias Canetti an Marie-Louise von Moteszicky. Archiv, Marie-Louise von Motesiczky Charitable Trust, London. Abschrift von Ines Schlenker.

Doppelportrait *Gespräch in der Bibliothek* von 1950 hat Marie-Louise die Begegnung der Freunde festgehalten, die sich nicht nur in Bloomsbury trafen, wie eine längere Würdigung Canettis nahelegt,[23] sondern auch in Amersham vor Canettis großer Bücherwand im Hause Motesiczky. Man kommt kaum umhin, das Doppelportrait, das die Betroffenen für eine Karikatur hielten, als wohlwollende Satire auf

23 Canetti, ›Franz Steiner‹, *Aufzeichnungen* 1992–1993, Hanser, München 1996, S. 17–24. Nachgedruckt in *Aufzeichnungen 1954–1993*, Hanser, München 2004, S. 376–382. Im Text als V zitiert.

zwei deutsche Dichterfürsten im Exil zu interpretieren.[24] Um den Kontext von Canettis frühen Aufzeichnungen zu begreifen, lohnt es daher, auch einen Blick auf Steiners Werk zu werfen.

Den in Prag geborenen Anthropologen und Lyriker Franz Baermann Steiner hatte Canetti 1937 in Wien durch die Vermittlung von H. G. Adler kennengelernt und suchte ihn bald nach der Ankunft in England auf. Es vertiefte sich jetzt ihre Freundschaft, die während des Krieges den wichtigsten literarischen Kontakt beider Dichter darstellte. Man verfolgte ähnliche Ideale und teilte denselben literarischen Geschmack, etwa die Liebe zu Blake – als Canetti 1942 bemerkte, »Was ein Tiger ist, weiß ich wirklich erst seit dem Gedicht von Blake« (IV, 31), lag bereits Steiners Übersetzung, »Der Tiger«, vor. Auch in der Wissenschaft fanden sie zusammen. Während Canetti sich der Literatur ab- und *Masse und Macht* zuwandte, arbeitete Steiner, wie Canetti sein Werk als »Opfer« begreifend, an einer Studie über die Sklaverei. Dann, Canettis Zeugnis zufolge, begann Steiner 1943 auf seine Anregung hin, eigene Aufzeichnungen zu schreiben. Steiners Freundin Esther Frank dagegen hat die Inspiration für sich in Anspruch genommen. Wie dem auch sei, Steiner lernte 1942 Canettis jüngste Produktion kennen und begann im Jahr darauf, konsequent seine eigenen Apho-

24 Vgl. Ines Schlenker, ›Painting Authors. The Portraits of Elias Canetti, Iris Murdoch and Franz Baermann Steiner by Marie-Louise von Motesiczky‹, in: J. Adler, R. Fardon und C. Tully, Hrsg., *From Prague Poet to Oxford Anthropologist: Franz Baermann Steiner Celebrated*, IGS, London, und iudicium, München 2003, S. 105–121.

rismen, die *Feststellungen und Versuche,* zu betreiben. In Anspruch und Umfang stehen sie Canettis Produktion kaum nach.[25] Es kam zu gegenseitigen Lesungen, die nicht ohne Folgen blieben. In einer humorvollen Skizze hielt Steiner ihre Lage damals fest:

Zwei Enträtselungen

Dies sind zwei Dichter: der eine schreibt sein Werk in einer Schrift, die nur er lesen kann, und wartet darauf, sie vorlesen zu dürfen. Er nennt dies »seine Botschaft«. Bevor er sie verkünden kann, stirbt er. Keiner hat sich noch als wirklichen Übermittler einer Botschaft erlebt.

Der andere Dichter schreibt in einer Schrift, die er nicht lesen kann. Die Menschheit wird sie entziffern und ihm sagen, wer er ist. Freilich, auch er kann es nicht erleben, und die Interpretationen steigen an seinem Grab empor wie Preisgesänge.

Nun sind sie beide berühmt. Die Knaben in den Schulen müssen Aufsätze darüber schreiben, wie sich die beiden unterscheiden.[26]

Den realen Ausgangspunkt dieser traurigen Fantasie bildet die Schrift: die winzige, oft unleserliche Handschrift Steiners, sowie die Geheimschrift Canettis, mit der er sich brü-

25 Eine Gesamtausgabe, in der Reihe der Deutschen Akademie für Sprache und Dichtung, wird vom Wallstein Verlag, Göttingen, für das Jahr 2006 geplant.

26 Nachlaß Franz Baermann Steiner, Deutsches Literatur Archiv, Schiller-Nationalmuseum, Marbach am Neckar. Alle ungedruckten Aufzeichnungen befinden sich im Nachlaß.

stete – heute wissen wir, daß es sich um die persönliche Ausprägung einer weit verbreiteten Stenographie handelte –, weil man sie, so Canetti, erst viele Jahre nach seinem Ableben entziffern würde. Hinter Steiners Traum stand nicht zuletzt auch die schwer erträgliche Isolation, in der nur der Tod, nicht aber der literarische Erfolg, mit Sicherheit abzusehen war.

Ab 1942/43 bezeugt eine Fülle von Aufzeichnungen, darunter die Texte für Marie-Louise, die intensive geistige Auseinandersetzung der Freunde. Nicht nur die Mythen, die Canetti in seinem Steiner-Portrait bedenkt, sondern Tierwelt, Gesellschaft, Macht, Herrschaft, Sklaverei, Kultur, Religion, Tod, Dichtung, Kunst und Anthropologie sowie andere Kulturen, darunter Ägypten, Indien und China, gehörten zur Tagesordnung.

Manche Sprüche Canettis aus den Jahren 1942/43, darunter einige *Aufzeichnungen für Marie-Louise,* kann man mit Steiner in Verbindung bringen. Eine Entsprechung ist besonders bedeutsam, und zwar ihr Selbstverständnis als Dichter. Dieses kündigt sich in Steiners Feststellung von Anfang März 1943 an, der Dichter sei »der einzige Hüter der Mythen aller Völker«.[27] Eine ähnliche Auffassung vertritt Canetti in seiner bekannten Definition vom Dichter als »Hüter der Verwandlung«, die er mehr als dreißig Jahre später in *Der Beruf des Dichters* dargelegt hat. Weitere Gemeinsamkeiten erstrecken sich von der Wortwahl bis hin zur Methodik und schließen die formale Gestaltung des

27 F. B. Steiner, *Eroberungen,* Lambert Schneider, Darmstadt 1964, S. 125.

Aphorismus sowie die Vorliebe für das Groteske ein. Manchmal kann man ihre Stimmen kaum unterscheiden, etwa in folgender kulturkritischer Perspektive, die freilich auch bei Lichtenberg ihre Entsprechungen hat:

> Würde man nicht die Chinesen für ein närrisches Volk halten, wenn viele von ihnen durch Jahrhunderte sagten: »Die bösen Griechen haben unsern lieben Sokrates umgebracht.«[28]

So fertigt Steiner den alten Vorwurf ab, die Juden seien für den Tod Christi verantwortlich. Dieser Mischung von Kraus'scher Satire und Ethnologie und der Methode, Völker zu vergleichen und Mythen im Alltag aufzuspüren, wie sie auch z. B. in Canettis Erwähnung des ägyptischen »Ka« (S. 37) anklingt – der geistige Mensch oder Gott, der nach dem Tod fortbesteht und den man in einer Statue abbilden kann – begegnet man häufig. Die Technik bauten beide im Hauptwerk konsequent aus, Canetti in *Masse und Macht,* Steiner im lyrischen Zyklus *Eroberungen.* Spuren des gemeinsamen Ringens um eine Antwort auf den Krieg findet man ferner in Canettis Aristoteles-Kritik, die nachweislich an Steiners Studien zur Sklaverei anknüpft.[29] Poetische Fragen wurden auch erörtert. Canettis Satz, »Mit Hingabe ist einer noch kein Dichter, es braucht auch rhythmische Här-

28 F. B. Steiner, *Fluchtvergnüglichkeit. Feststellungen und Versuche,* Flugasche, Stuttgart 1988, S. 75.

29 Michael Mack, *Anthropology as Memory. Elias Canetti's and Franz Baermann Steiner's Responses to the Shoah,* Niemeyer, Tübingen 2001, S. 154.

ten« (S. 29), erinnert zwar wörtlich an Hellingraths Begriff von der »Harten Fügung« bei Hölderlin, trifft aber zugleich den Kern von Steiners rhythmischen Bemühungen in jenen Jahren. Auch einzelne Motive ähneln sich, so Canettis Fantasie von der verlassenen Erde (IV, 21), die in Steiners ungedruckter Skizze »Kurz vor dem Ende der Erde...«[30] wiederkehrt. Manchmal widerspricht Steiner dem Freund, etwa wenn er Canettis Verständnis der geistigen Waffe pariert (IV,22): »Es gibt *kein* ›geistiges Rüstzeug‹«.[31] Eher jedoch scheint sich Canetti gegen Steiner zu wenden, z. B. in jener *Aufzeichnung für Marie-Louise,* die eine für Canetti untypische Kritik der chinesischen Lyrik enthält (S. 31–33), einer Tradition, die Steiner auch in ihrer Bildlichkeit als Modell diente. Vor allem findet man in Canettis schroffer, seiner kaum würdigen Ablehnung des Betens, das er leichtfertig als Bitte abtut (IV, 14), einen Hieb gegen Steiners Hinwendung zum orthodoxen Judentum.[32] Die Gespräche, in denen die Freunde ihre jüngsten Texte einander vorlasen, und die sie zu neuen Einsichten anregten, führten schließlich zu einem peinlichen Zwischenfall. Canetti spielt darauf in jenem eifersüchtigen Brief von 1948 an, und eine kritische Erinnerung an die Episode lebt vielleicht in Marie-Louises Doppelportrait (s. S. 94) nach. Canetti, von einer Freundin auf eine Ähnlichkeit mit Steiners Gedanken hingewiesen, stellte ihn zur Rede und bezichtigte ihn des gei-

30 Nachlaß Steiner, DLA, Marbach.

31 Nachlaß Steiner, DLA, Marbach.

32 Steiner parierte mit seinen überlegenen Gedanken zum Dichten als Gebet und zum Beten als Läuterung und Erkenntnis. Vgl. *Fluchtvergnüglichkeit,* S. 31 f. u. 92.

stigen Diebstahls. Damit zerbrach die Freundschaft; erst nach längerer Zeit fand man wieder zusammen, und auch die alte Herzlichkeit stellte sich wieder ein. Ganz richtig klärte sich der Fall, der manchen Freund in Mitleidenschaft zog, erst nach Steiners Tod auf.

Die Texte für Marie-Louise enthalten den Grundriß von Canettis Kurzprosa. Der lockere Begriff *Aufzeichnung*, den er im Gegensatz zu Termini wie *Aphorismus, Fragment, Maxime* oder *Reflexion* bevorzugt, steht schon fest. Ebenfalls die zeitliche Anordnung. Doch erkennt man auch den Willen zur Gliederung. So versteht sich die Aufzeichnung bei Canetti als offene Schreibart, die sich zwischen dem spontanen Tagebuch und der konsequenten Reflexion frei bewegt. In dieser Spannung gedeiht die Kurzform.

Seit der Renaissance besteht ein Streit zwischen Aphorismus und System. Bacons Aufzeichnungen, »broken knowledges«,[33] widersetzen sich dem Aristotelismus. Ebenfalls resultierte Pascals Kampf gegen Montaigne und Descartes, dessen Werk er witzig mit *Don Quixote* verglich, in den fragmentarischen, um einen geheimen Punkt kreisenden *Pensées.* Mit Lichtenberg und der deutschen Romantik sowie dann bei Nietzsche wendet sich die Form konsequent gegen jegliche Systematik. Canetti knüpft unmittelbar bei diesen an. Mehrfach bekennt er sich zum Fragment und betont seine Ablehnung des Systems:

33 Bacon, *The Advancement of Learning,* in: *The Philosophical Works,* Hrsg. John M. Robinson, London 1905, II, XVI, 6–7, S. 125.

Er will zerstreute Aufzeichnungen hinterlassen als Korrektur zum geschlossenen System seiner Ansprüche. (V, 16)

Für den systematischen Geist gibt es nur eine Rettung: die spontane und zufällige Äußerung, die man nicht weiter verfolgt. Sie darf sich nur nicht für ein Gesetz oder eine Großmacht ausgeben. (V, 21)

Jede vereinzelte Erkenntnis ist kostbar, solange sie sich abgesondert hält. Sie löst sich zu nichts auf, wenn sie in den Darm des Systems gerät. (V, 118)

Die Aufzeichnung als Gattung beschwört den einmaligen Fall, der auf eine unsichtbare Ganzheit verweist, der man die Erfahrung nicht opfern darf. Canetti diagnostiziert den systematisierenden Geist nicht etwa bei Kant oder Hegel, sondern bei sich selbst – beim Autor von *Masse und Macht.* Dementsprechend wenden sich seine Aufzeichnungen nicht nur gegen den Leser, sondern prinzipiell gegen ihren Autor und vor allem gegen seinen Erzfeind, den Tod. Denn: »Solange der Tod existiert, ist jeder Spruch ein Widerspruch gegen ihn.«[34]

Das witzige Paradoxon bildet das Grundprinzip des klassischen Aphorismus und schenkt ihm seine dialektische Kraft. Hier erhaschen wir den ursprünglichen Funken des Geists, die Figur des Denkens. Unter den verschiedenen Techniken der Aphoristiker finden sich Wiederholungen,

34 Canetti, ›Hermann Broch‹, *Das Gewissen der Worte,* S. 15.

Kontraste und perspektivische Umdrehungen jeglicher Art. Auch Canetti greift gerne zu solchen Kniffen, etwa im Satz: »Er bemühte sich in der Hölle vernünftig zu bleiben.« (S. 11) Der Gegensatz zwischen *Hölle* und *Vernunft,* mit dem der Spruch das Zeitalter anprangert, beschwört dialektisch den *Wahnsinn* als dritten Begriff. Dadurch erst vollzieht sich die Satire. Die *Aufzeichnungen für Marie-Louise* enthalten einen Ansatz zu einer Theorie solchen Sprechens: »Auf das Verhältnis von Lachen und Staunen allein kommt es an.« (S. 57) Die Beziehung gestaltet sich bei jedem Text anders, denn die Proportion, die Mischung, die skurrile Dialektik gehören zur Botschaft, ob sich das Lachen freundlich, staunend oder bitter gestaltet. Wenn Canetti einmal die Bemerkung fallen läßt: »Verherrlichung durch Satire« (V, 396), so halten sich Ernst und Lachen auf der Angel der Präposition die Waage. Man staunt und schmunzelt zugleich – über die Formulierung, über die Einsicht, über die Tatsache. Oft schrumpft der Humor, es bleibt nur die sarkastische Wendung: »Der Mensch verdient kein Privatleben« (S. 41). Dann scheint der ernste Vorwurf zu überwiegen: »Gott ist an der Profanation seines Namens zugrunde gegangen«, wird aber vom Spott eingeholt: »nun können sie lange nach ihm rufen.« (S. 59) Man hat Canetti zurecht als Meister des grotesken, phantastischen Aphorismus gerühmt,[35] und sein Humor, der sich gerne in Geschmacklosigkeiten ergeht, kommt in den *Aufzeichnungen*

35 P. von Matt, ›Der phantastische Aphorismus bei Elias Canetti‹, in: *Wortmasken. Texte zu Leben und Werk von Elias Canetti,* Hanser München, 1995, S. 71–82.

für Marie-Louise gut zur Geltung. Im Spektrum zwischen Lachen und Staunen kennt er viele Register, doch spricht er zumeist heftig, eindringlich, affektvoll. Grazie und Leichtigkeit sind nicht seine Sache.

Canettis Staunen erstreckt sich von der Empörung bis hin zur Pietät. Der Ernst läßt sich selbst in der Form mancher Texte erkennen. Statt wie im klassischen Muster einem Pfeil gleich zur Pointe zu eilen, verlangsamen sie sich unerwartet: »Sein Bier schmeckt ihm nicht mehr so gut: der Krieg schaut aus dem Krug« (S. 15) Das konfrontiert uns mit dem Grauen, aber statt dem Hohn, mit dem ein La Rochefoucauld seinen Ekel ausspuckt, begegnet einem hier die Melancholie. Noch lange nach dem Weltkrieg hört man diesen sich plötzlich verlangsamenden, fallenden Tonfall: »Raubtier der Trauer, Mensch.« (V, 288). Der Satz endet mit einem Fallbrett, der Leser wird metaphorisch erhängt. Aber auch der Autor, der immer mehr lernt, sich selbst in seine Kritik einzubeziehen. Wenn aber sein Ernst an Pietät grenzt, vermag sein Spruch allem Spott zuwider eine zutiefst religiöse Haltung zu bekunden: »Es gibt eine Klagemauer der Menschheit, und an dieser Stehe ich.« (V, 308). Der düstere Blick der Trauer gehört zu Canettis Beruf.

Canettis Dialog mit dem Judentum, das er einerseits als Religion verehrt, aber von dem er sich anderersits befreien muß, um als unabhängiger Denker zu bestehen, findet in dieser archaischen Wendung einen Ausgleich. Der Wunsch nach einem solchen Erlebnis kündigt sich schon in den *Aufzeichnungen für Marie-Louise* an. Canetti will die letzen Dinge neu ergründen, sie in ihrer ursprünglichen Wucht erfahren:

> Ich möchte die Bibel so auf mich einwirken lassen, als ob ich nicht von Juden stammte, wie etwas Fremdes und ganz neu Entdecktes, durch einen glücklichen Zufall ausgegraben. Ich bin immer mehr davon überzeugt, daß sie mir zu den kühnsten Schlüssen verhelfen kann, so als sei sie noch überhaupt nie gelesen worden. (S. 43)

Die Auseinandersetzung mit der Bibel, die auch an anderer Stelle in einem anderen Aphorismus zur Sprache kommt (S. 43), zieht sich durch das gesamte Werk. So liefert die Bibel Mythen, die es fortzusetzen gilt:

> Was soll das heißen, du bist aus Lehm, sagte Adam zu Eva und warf sie weg. Ich bin deine Rippe, sagte sie, mein Lehm stammt von deinem. Er glaubt ihr nicht und biß in den Apfel. Da wußte er, daß sie die Wahrheit sprach, hob sie auf und schenkte sie der Schlange. (IV, 175)

Solche Texte leiten sich letztendlich von der älteren jüdischen Literatur ab, die in Geschichten, Sagen und Legenden die Bibel variiert und deutet. Im gemeinsamen, gegensätzlichen Ringen mit Franz Steiner will Canetti das Judentum im großen Zusammenhang der Weltreligionen begreifen. Steiner versucht um 1942 in den von Canetti bereits damals rezipierten *Eroberungen,* Taoismus, Buddhismus und Islam mit dem Judentum zu harmonisieren. Canetti dagegen entwirft seine eigene Religion der Verwandlung: »Wie unfaßbar bescheiden sind die Menschen, die sich einer einzigen Religion verschreiben! Ich habe sehr viele Religionen, und die eine, die ihnen übergeordnet ist, bildet sich erst im

Laufe meines Lebens.« (IV, 12). Alles Starre, Feste, Fertige, widerstrebt ihm. Leben bedeutet Änderung.

Oft entwickeln die Aphoristiker ausgefeilte Methoden, Ideen zu erfinden oder sie verwenden die Kurzform, neue Methoden zu entwicklen. Bacon präsentierte seine Theorie der Induktion im Aphorismus. Lichtenberg benutzte Techniken aus der Physik, Friedrich Schlegel bevorzugte das chemische Prinzip des Witzes, Novalis – und nach ihm Franz Steiner – greift häufig zur Kombinatorik. Bei Canetti dient die Verwandlung als Prinzip der Erfindung.[36] In einer selbstkritischen Notiz erkennt er sehr bald das intellektuelle Potential seiner Entdeckung: »Die Verwandlungslehre verspricht ein Allheilmittel zu werden, bevor sie noch ganz durchdacht ist. Sie ist etwas wie eine Seelenwanderungslehre oder ein Darwinismus, aber ohne im engeren Sinnre religiöse oder streng naturwissenschaftliche Wendung, auf Psychologie und Soziologie bezogen, so daß beide überhaupt eines werden …« (IV, 51). Im Sinne dieser Entwicklungs- und Abstammungslehre bildet nach *Masse und Macht* die Verwandlung das Mittel zur Menschwerdung: der Mensch habe sich »durch *Verwandlung* alle Tiere, die er kannte, gewissermaßen einverleibt. An dieser Ausbildung der Verwandlung ist er erst recht zum Menschen geworden.«[37] Seine Anthropologie beinhaltet die neue Psychologie, die Canetti anvisiert, die Antwort auf den von ihm so gehaßten Freud.

36 Vgl. die maßgebliche Studie, Gerhard Neumann, ›Widerrufe des Sündenfalls‹, in: *Hüter der Verwandlung. Beiträge zum Werk Elias Canettis,* Hanser, München 1985, S. 182–204.

37 Canetti, *Masse und Macht,* Claassen, Hamburg 1960, S. 119.

Teilt dieser die Seele in drei, so versucht Canetti, die Einheit der Person zu bewahren, indem er ihr die Kraft der Metamorphose zuschreibt. Letztendlich sind es die Dichter, die solche Vorgänge pflegen. Analog zu seiner anthropologischen Schau versteht Canetti daher die Verwandlung im *Beruf des Dichters* als ästhetisches, durch Homer und Ovid verbürgtes Prinzip. Seine Aufzeichnungen reflektieren zugleich den psychologischen und den ästhetischen Aspekt dieser Theorie. Manchmal stellt sich die Verwandlung als Identifikation dar. In einem Brief an Marie-Louise aus Cornwall, wahrscheinlich 1946 geschrieben, bekennt Canetti seine Sehnsucht: »Jetzt haben wir Flut, ich bewundere die unermüdlichen Wellen an den Felsen, beides zusammen wäre ich gern, nicht Meer allein und nicht allein Fels, aber beides zusammen, hart und dunkel und in unersättlicher leuchtender Bewegung.« In den *Aufzeichnungen für Marie-Louise* spielt er schon mit ähnlichen Gedanken: »Der Mensch hat die Wahl im Alter zu Holz oder zu Stein zu werden. Das Holz duftet, aber der Stein ist noch härter.« (S. 39)

Canettis Weg führt ihn jedoch weit über die magische Identifikation hinaus. Gleich Montaigne, der die Veränderbarkeit des Menschen an sich selbst studiert, erprobt Canetti die Verwandlung an der eigenen Person. Als Chemiker weiß er, wie man die Materie ergründet; als Denker erforscht er die Verwandlung des Menschen durch Introspektion und Gedankenexperiment. In den *Aufzeichnungen für Marie-Louise* treten solche Verwandlungen gleich zu Beginn fast programmatisch auf, da sich der Dichter metaphorisch in zwei spaltet: »Drei- oder viermal im Tage schüttelte er sich selber herzlich die Hand, statt der Besuche, die nie kamen, und immer brachte er sich überraschende Neuigkeiten mit.« (S. 9) Ebenfalls läßt sich gedanklich der Körper umordnen, ein Traum, der heute allmählich in den Bereich des Möglichen rückt. Die Organe multiplizieren sich: »Er wünscht sich verschieden eingerichtete Ohren, jedes für andre Welten und alles was für beide notwendig wäre, im Hirn.« (S. 15) Sogar die eigene Familie vermag sich durch groteske Verwandlungen zu regenerieren: »Er hat alle paar Jahre eine neue Mutter, und hat jede verzweifelt gern. Er ist jetzt achtzig und seine letzte Mutter gerade zwanzig.« (S. 37)

Canetti nimmt für sich dieselbe Kraft der Verwandlung in Anspruch, die er bei den Schamanen und den australischen Buschmännern bewundert. So ermöglichen ihm die Aufzeichnungen, »die vielen Figuren, aus denen ich bestehe« (IV, 68), einzufangen. Von solch einer Aufsplitterung des Ichs in der Sprache erhofft er sich am Ende eine neue Integrität: »Ich will mich solange zerbrechen, bis ich ganz bin.« (IV, 182) Die Suche nach Vermannigfachung findet im Fragment ein ästhetisches Korrelat. Das bestimmt Canetti zum Aphoristiker *kat exochen* und verändert auch rückblickend den Kanon, die weitverzweigte europäische Tradition, die in zackigen Linien über Pascal und die Römer bis zu den Vorsokratikern zurückläuft: denn jetzt nimmt diese auch das Denken der Naturvölker in sich auf, die vielstimmigen Gespräche des Konfuzius und die Polyphonie des *Talmud,* der wiederum seine Lehre durch die Bibel legitimiert: »Somas Sohn sagte: Wer ist ein Weiser? Der von jedem Menschen lernt, denn es heißt: *Von allen, die mich lehren, gewinne ich Weisheit.«*[38]. Die monotheistische Religion spricht durch eine Fülle von Lehrern. Canetti vermehrt diese wie jene durch die Vielfalt der Kulturen und Religionen, die er verarbeitet. Das sprengt den Rahmen der westlichen Überlieferung. Canettis Aphorismus begreift sich als Weltliteratur.[39]

Deutlicher vielleicht als die bisher veröffentlichten Texte für das Jahr 1942 kreisen die *Aufzeichnungen für Marie-Louise* um den Krieg. Die Greuel der Gegenwart, die *Masse und Macht* aus der Distanz angreift, treten gleich zu Beginn in aller Klarheit hervor, indem Canetti die Schrecken mit der ihm eigentümlichen Drastik ausmalt. Man kommt nicht umhin, seine Erregung zu spüren:

> Sie kämpfen zwischen den Zehen, im Nabel, in den Nüstern, sie kämpfen im Hintern, unter den Achseln, in den Ohren und im Mund, es gibt keinen versteckten Ort, kein Zollbreit, keine Pore tief, wo sie nicht auf Leben und Tod miteinander kämpfen. (S. 9)

Das ist der totale Krieg, der sich als mythisches Geschehen am Körper der Menschheit vollzieht. Die Armeen, die *Masse und Macht* als »Doppelmasse« begreift, treten hier als eine einzige, alles verzehrende Substanz auf – eine Masse

38 Mischna Awot III, I–IV, 22; Psalm 119,99. Die ungebräuchliche Übersetzung steht im Talmud.

39 Canetti eröffnet den Blick auf die Polygenese der Weisheitsliteratur. Eine faszinierende Darstellung dieser Problematik gibt W. Burkert, *Die Griechen und der Orient*, München, Beck, [2]2003, Kapitel 3.

im ursprünglichen Sinn des lateinischen Wortes *massa*. Dann aber verändert sich in einer weiteren Aufzeichnung die Perspektive:

> Sie schneiden ihren Opfern erst Ohren und Namen ab; dann hören die niemand rufen; dann kann die niemand rufen; und sind nur noch Hände. (S. 9)

Der scharfe Blick reflektiert die veränderte Einsicht: statt zwei streitende Armeen zu verbalisieren, unterscheidet der Text hier zwischen Täter und Opfer. Doch wiederum verschränkt die düstere Bildlichkeit, den Menschen, seine Sinne und seine leidenden Affekte und begreift sie einzig als Masse. Eine andere Aufzeichnung aus dem Jahre 1942, in *Die Provinz des Menschen* gedruckt, gehört hierher und verändert abermals die Perspektive:

> Er stahl mir das linke Ohr. Ich nahm ihm das rechte Aug. Er versteckte mir vierzehn Zähne. Ich nähte ihm die Lippen zu. Er sott meinen Hintern gar. Ich stülpte ihm das Herz um. Er aß meine Leber. Ich trank sein Blut. – *Krieg*. (IV, 22)

Die Gegenüberstellung von der ersten mit der dritten Person dramatisiert den Kampf. So entfalten die grellen, in ihrer Grausamkeit an Goya erinnernden Bilder, eine wahrhaft ungeheure Wirkung. Man staunt, welche Wut Canetti packt, welche Fülle von Ideen er aufbringt. Wie ein Jäger sich in seine Beute hineinempfindet, verwandelt er sich in den Krieg, wobei Stil und Grammatik diese Verwandlung widerspiegeln. Allerdings fragt man sich, ob er nicht mit solcher Mythisierung des Krieges den Bezug zur Aktualität abschwächt. Aus der Satire spricht der Haß des Karl Kraus, die Attacke erinnert zuweilen an den Ersten Weltkrieg. Das verzerrt den Blick, verwischt die moralische Perspektive. Im Zweiten Weltkrieg hat sich das Böse anders gebärdet, als Canetti es in solchen Bemerkungen haben möchte.

Der stetige Wechsel der Perspektive verdeutlicht, inwiefern die Aufzeichnungen dem Gesetz der Verwandlung gehorchen. Das zeigt sich auch in Canettis bevorzugter Maske der dritten Person – »Er« – anstelle des erlebenden »Ich«, wie dieses schon in den *Aufzeichnungen für Marie-Louise* begegnet. Er-Aussagen wirken schillernd, mehrdeutig, fast wie versteckte Tagebucheintragungen. Canetti reflektiert 1943 diese Spielart:

> Die Schwierigkeiten bei Aufzeichnungen – wenn sie gewissenhaft und genau sein sollen – bestehen darin, daß sie persönlich sind. Gerade vom Persönlichen will man weg; man scheut sich davor, es festzulegen, als könnte es sich dann nicht mehr verwandeln. In Wirklichkeit verwandelt sich alles auf viele Weisen weiter, wenn man es nur, einmal aufgezeichnet, in Frieden läßt. Es ist das Wiederlesen, das die Straßen des Geistes zieht. … Die Scheu vor der persönlichen Aufzeichnung aber läßt sich überwinden. Es genügt, von sich in der dritten Person zu reden; »er« ist weniger lästig und gefräßig als »ich« und sobald man den Mut hat, »ihn« unter andere dritte Personen einzureihen, ist »er« jeder Verwechslung ausgesetzt und nur noch vom Schreiber selber zu erkennen. … (IV, 62)

Wenn Lichtenberg die »Er«-Form benutzt, etwa in dem witzigen Satz: »Er hatte sich in den lieben Gott verliebt«,[40] so kümmert es uns kaum, wer sich hinter dem »Er« verbirgt; wenn aber Canetti die Formel benutzt, erhält man manchmal den Eindruck, es handle sich um ihn selbst. Oft gelingt ihm eine vollkommene Verwandlung, z. B. im Satz: »Er ist so stolz, daß er Gott immer was schenken möchte.« (S. 17) Das Bild verquickt drei separate Eigenschaften, bzw. Affekte Canettis – Stolz, Großmut und seine Haßliebe zu Gott – in einer neuen, unabhängigen Figur. An anderer Stelle gibt Canetti eine fast religiöse Haltung wieder, die an Konfuzius erinnern mag:

> Er hat sich eine tiefe Verehrung für alte Leute bewahrt: er bewundert an ihnen jedes Jahr, das er selbst nicht erlebt hat. Er betet Kinder an: sie sind ihm heilig für jedes Jahr, das er nicht mehr erleben wird. (S. 17)

In der ersten Person wirkte die Aussage arrogant, der Blick von Außen schenkt ihr etwas Anrührendes. So ermöglicht es die Verwandlung dem Dichter, aus einzelnen Gefühlen Menschen zu bilden, die ganze Ideenkomplexe verkörpern, gleichsam komprimierte Parabeln, die, ohne lehrhaft zu wirken, eine ethische Pointe symbolisieren.

Diese Tendenz, von der dritten Person ausgehend, Sprachfiguren zu schaffen, läßt Canetti auch ganze Geschichten erfinden. Eine kurioser Typ findet sich in *Die*

40 G. C. Lichtenberg, *Schriften und Briefe,* Hrsg. W. Promies, I, Sudelbücher, 3. Auflage, Hanser, München 1980, S. 676.

Provinz des Menschen: »Ein Mann macht sich daran, alle *Blätter* der Welt zu zählen. Das Wesen der Statistik.« (IV, 62) Das glossenhafte Emblem zur Wissenschaft erinnert an Canettis groteske Figuren im *Ohrenzeugen*[41] und letztendlich an die *Charaktere* des Theophrast.[42] Auch bei La Bruyère bewegt sich die Form des Aphorismus in der Nähe des Charakters. In den *Aufzeichnungen für Marie-Louise* erweist sich diese Ähnlichkeit als genetisch. Der Blattzähler ist sichtlich verwandt mit dem skurrilen Blattsammler, dem wir hier begegnen (S. 19–23), doch wie sich das knappe Portrait des Statistikers gegen die Mathematik richtet, so versinnbildlicht der hier portraitierte Sammler die Entstehung eines Kults, sowie die geheimnisvolle Rolle des Todes in den Riten der Religion.

Canetti will in dieser Aufzeichnung am Ende vom Wissen zur Weisheit zurückfinden, indem er die Gegensätze zwischen Ich und Welt in einer Schau vereinigt, die zum gerechten Handeln überleitet. Das führt zu einem Sprechen, das die Subjektivität in einer objektiven Form aufhebt, zu Aussagen, die zugleich nach innen und nach außen blicken. Die geistige Errungenschaft, ein Ausdruck von Canettis eigenartigem Relativitätsdenken, könnte man als schwebende Sentenz bezeichnen. Reflexionen dieser Art bewegen sich zwischen Lehre und Bekenntnis. Ein besonders sprechendes Beispiel findet sich unter den *Aufzeichnungen für Ma-*

41 Canetti, *Der Ohrenzeuge. Fünfzig Charaktere,* Hanser, München 1974.

42 Zu Canetti und Theophrast vgl. Theophrastus, *Characters…*, Hrsg. J. Rusten und I. C. Cunningham, Cambridge/Mass. und London 2002, S. 38 f.

rie-Louise. Angesichts der Leidenden im Weltkrieg meint Canetti:

> »Retten« war das Wort, das die stärksten Bewegungen in seinem Herzen auslöste. Ozeane von Geschöpfen und Beziehungen waren da, zu retten, und er brachte es nie zu mehr als zur heftigen Gebärde des Herzens. (S. 25)

Das schuldhafte Unvermögen des vom Weltgeschehen abgelösten Beobachters, seinen Mitmenschen zu helfen, wird in der nutzlosen inneren Regung diagnostiziert. Der Gemeinte bringt es über die Schwärmerei nicht hinaus, ihm gelingt kein gerechtes Handeln. Das klingt halb wie Satire, halb wie Konfession. Im Sinne des hippokratischen Corpus dient hier der Aphorismus aber auch einem therapeutischen Zweck, nur daß in diesem Fall die Sprache die Heilung herbeiführen soll. Mehr als einmal schließt Canetti sich in seinen Aufzeichnungen Nietzsches Ansicht an, daß die »Absolute *Ehrlichkeit* – bis jetzt... bei Moralisten fehlte«.[43] Erst Kafka hat diesen Anspruch als Autor voll erfüllt. Zunehmend empfindet Canetti sich in dessen Nachfolge und will verinnerlichte Sentenzen formulieren, die ethische Fehler sowohl im Anderen als auch in sich selbst treffen. So stellt er sich in manchen Verwandlungen vor Gericht, entblößt sich, hofft auf Läuterung.

43 Nietzsche, *Nachgelassene Fragmente, Sämtliche Werke,* Kritische Studienausgabe, Hrsg. Giorgio Colli und Mazzino Montinari, dtv / de Gruyter, München 1980, X, S. 234.

Zur Datierung

Folgende Aufzeichnungen konnte Sven Hanuschek anhand von Canettis Nachlaß datieren:

S. 15 Sein Bier… 25. September 1942
S. 15 Er kann nicht Leben… 25. September 1942
S. 15 Unter Kommunismus… 25. September 1942
S. 17 Er tut keiner Fliege… 26. September 1942
S. 19 ff. Er sammelte Blätter… 26. September 1942
S. 27 Man erträgt die Andern… 6. Oktober 1942
S. 29 Ganz besonders nimm dich… 6. Oktober 1942
S. 29 Sympathie für die dualistischen… 6. Oktober 1942
S. 29 Mit Hingabe… 6. Oktober 1942
S. 29 Eine Stunde Lektüre… 6. Oktober 1942
S. 43 Durch das Alte Testament… 22. September 1942
S. 61 ff. Es ist zuwenig daran gedacht… 19. September 1942

Zu dieser Ausgabe

Elias Canetti (1905–1994) schrieb die *»Aufzeichnungen«* mit der Widmung »Für Marie Louise« für die Malerin Marie-Louise von Motesiczky (1906–1996) und schenkte sie ihr wahrscheinlich zum Geburtstag am 24. Oktober 1942. Der Text ist in blau-schwarzer Tinte geschrieben, Titel und Widmung mit gelbem Pastellstift. Beim Schriftträger handelt es sich um Schreibmaschinenpapier mittleren Gewichts im Standardformat englisch Quart (25,2 x 20,2 cm.). Das Titelblatt ist doppelseitig beschriftet, *recto* der Titel, *verso* die Widmung, die folgenden Blätter nur *recto.* Die Seiten sind am oberen Ende zweifach gelocht und mit einer goldenen Schnur versehen. Die Farbigkeit sowie das großzügige Arrangement verleihen der Produktion eine gewisse Feierlichkeit. Das Manuskript wurde nach dem Tod von Marie-Louise in ihrem Nachlaß aufgefunden. Es befindet sich heute im Besitz des Marie-Louise von Motesiczky Charitable Trust, London.

Ich danke Johanna Canetti für die freundliche Genehmigung, den Text der Handschrift sowie Auszüge aus den Briefen Canettis zu drucken, dem Marie-Louise von Motesiczky Charitable Trust für die Freigabe des Manuskripts und für die Erlaubnis, zwei Gemälde und eine Skizze von Marie-Louise sowie Photographien aus ihrem Nachlaß zu reproduzieren. Canettis Biograph Sven Hanuschek stellte mir großzügig seine Forschungen zur Verfügung. Im Charitable Trust leistete Ines Schlenker unentbehrliche Dienste. Schließlich danke ich meiner Frau Eva für die liebevolle Unterstützung meiner Arbeit.

London, im Dezember 2004 Jeremy Adler

Verzeichnis der Abbildungen